ACCOMPLIR LA MISSION

Les principes de Jésus afin d'accomplir la mission

ROBERTO HODGSON

Former des disciples à l'image de Christ dans les nations

« *L'Esprit du Seigneur repose sur moi parce qu'il m'a désigné par l'onction pour annoncer une bonne nouvelle aux pauvres. Il m'a envoyé pour proclamer aux captifs la libération, aux aveugles le recouvrement de la vue, pour apporter la délivrance aux opprimés et proclamer l'année de grâce accordée par le Seigneur.* »
(Luc 4.18-19, BDS)

Publié par
Casa Nazarena de Publicaciones USA/Canada
Lenexa, Kansas (USA)

Accomplir la Mission
Roberto Hodgson

Copyright © 2017
Casa Nazarena de Publicaciones
Tous droits réservés

ISBN : 978-1-56344-837-9

Traduction : Matilda Davies

Toutes citations des Saintes Écritures n'étant pas autrement désignées proviennent de la Bible du Semeur, BDS Copyright © 1973, 1978, 1984, 2011 par Biblica, Inc.® Reproduit avec autorisation. Tous droits réservés à l'échelle internationale.

02/2017

À PROPOS DE L'AUTEUR

Roberto Hodsgon a obtenu une licence en théologie en 1985 au Seminario Nazareno de las Américas à Costa Rica. Durant ses années au séminaire, Il fut pasteur de l'Église du Nazaréen à San Pedro de Poás de 1982 à 1985 et fut ordonné en 1986. Il devint par la suite le pasteur de l'Église Hispanique du Nazaréen à Washington D.C de 1986 à 2002 et exerça les fonctions de coordinateur des ministères hispaniques du district de Washington de 1993 à 2002.

Il termina sa maîtrise en théologie au Wesley Theological Seminary à Washington D.C. En 2003 il reçut le doctorat (D.Min.) de Graduate Theological Foundation.

Depuis 2002 il occupe le poste de directeur des ministères hispaniques pour la région USA/Canada. Il fut surintendant du district d'Amérique latine du Sud-Ouest de 2007 à 2012. En mai 2012 il fut nommé directeur des ministères multiculturels de la région USA/Canada, un ministère qu'il occupe actuellement.

DÉDICACE

Ce livre est dédié aux serviteurs de Dieu pour leur obéissance fidèle dans l'accomplissement de la mission de l'Église, à « former des disciples à l'image de Christ dans les nations », et notamment aux hommes et femmes appelés à veiller sur le troupeau de Dieu.

> 1 Pierre 5.1-4 *« Je ferai, à présent, quelques recommandations à ceux parmi vous qui sont responsables de l'Église. Je leur parle en tant que responsable et ainsi témoin des souffrances du Christ, moi qui ai aussi part à la gloire qui va être révélée ; Comme des bergers, prenez soin du troupeau de Dieu qui vous a été confié. Veillez sur lui, non par devoir, mais de plein gré, comme Dieu le désire ; Faites-le, non comme si vous y étiez contraints, mais par dévouement ; N'exercez pas un pouvoir autoritaire sur ceux qui ont été confiés à vos soins, mais soyez les modèles du troupeau. Alors, quand le Chef des bergers paraîtra, vous recevrez la couronne de gloire qui ne perdra jamais sa beauté. »*

J'apprécie énormément le dévouement et les efforts de nos pasteurs et de leurs familles. Une reconnaissance toute particulière à ceux qui ont deux vocations. Je demande avec admiration : comment faites-vous une telle chose ? Avec tant de responsabilités, la famille, le ministère, le travail séculier, les études ministérielles, etc. … ! Mes salutations à vous tous.

REMERCIEMENTS

Ma profonde gratitude au Dieu d'amour pour sa miséricorde envers moi, pour la sauvegarde de mon âme à travers les mérites de son Fils Jésus-Christ, pour la purification de mon cœur avec l'Esprit Saint et de m'avoir appelé à participer à sa mission.

À l'Église du Nazaréen mondiale pour m'avoir donné l'opportunité de collaborer et de servir au ministère depuis plus de 30 ans.

Mes remerciements, plus particulièrement à Bob Broadbooks, directeur régional de la région USA/Canada pour m'avoir accordé six semaines, loin de la routine du bureau afin que je dévoue mon temps à l'écriture de ce livre.

Enfin, à José Pacheco pour m'avoir assisté par son expérience remarquable dans ce projet en tant que rédacteur.

Accomplir la Mission - Les principes de Jésus afin d'accomplir la mission va aider les pasteurs et les congrégations à établir un équilibre lorsque les pressions et confusions du « vent de doctrine » souffle autour d'eux durant leurs occupations. Les apôtres, tels que Paul, ont averti les églises et les pasteurs de leurs temps à « faire attention à ceux qui causent des divisions et placent des obstacles sur leur chemin. ... Par leurs discours polis et leurs flatteries ils trompent les esprits des gens naïfs » car ils ne prêchent pas le Christ. Ici, avec une abondance de références bibliques, Hodgson a déposé cette œuvre entre nos mains afin que – ainsi qu'il l'exprime dans l'introduction – nous puissions recevoir une direction systématique de par les Écritures pour l'accomplissement réel de la mission de l'Église en suivant les pas du Maître. En tant que pasteur j'accueille cette contribution importante pour ma vie et mon ministère.

—Dr. Mario Zani
Pasteur hispanique de Lenexa Central Church
et coordinateur de littérature, USA/Canada CNP Multiculturel

Grâce à sa vaste expérience, **nul n'est mieux placé que Roberto Hodgson** pour écrire un tel livre. Il est fortement charismatique et excelle dans le partage des petits groupes et dans l'accompagnement d'une église, en suivant une méthodologie spécifique afin d'accomplir la mission de notre Seigneur Jésus-Christ. Ce livre est excellent pour les pasteurs qui commencent leur ministère ou pour ceux qui ont perdu leur chemin, vu que ce livre représente un ministère complet et pondéré de prière, vision, prédication, d'enseignement, développement de dirigeants, repos et développement de caractère, tous étant nécessaires à un ministère durable.

—Rigoberto Acosta
Directeur des ministères hispaniques, District de Virginia

Docteur Roberto Hodgson, par **son style pragmatique, simple et direct**, a préparé une liste de vérifications ou « check-list » nécessaire pour nous tous au ministère. Que vous soyez de nouveau en train de recevoir l'appel du Seigneur, que vous traversiez une passe difficile, êtes proche de l'effondrement ou même si vous prospérez dans l'accomplissement de la mission, arrêtez-vous ! Étudiez soigneusement ces principes établis par le Maître divin et vous trouverez une nouvelle vigueur, une vision renouvelée et une onction fraîche vous permettant de continuer « d'aller jusqu'au bout de votre course et d'accomplir pleinement le service que le Seigneur vous a confié » (Actes 20.24).

— *Obed Jáuregui*
Pasteur, Bethany Church of the Nazarene, Miami, Florida

Ce livre, avec ***Les principes de Jésus afin d'accomplir*** la mission, est une ressource fluide, simple et directe pour l'enseignement et la réalisation de la mission de Jésus. Hodgson a réuni des éléments clés d'apprentissage et nous montre comment agir, conformément au sage conseil de Jéthro à Moïse dans le livre de l'Exode 18.20. Je recommande à tout croyant ce livre qui sert comme aide et ressource précieuse dans notre travail de missionnaire.

—*Pedro Julio Fernandez*
Pasteur, Emanuel Church of the Nazarene,
Toronto, Ontario, Canada

Accomplir la mission est un livre pragmatique se rapportant profondément à la Bible et à une théologie exacte. Le Docteur Hodgson exprime dans des termes simples, pratiques et clairs, le pourquoi, le comment et le coût de l'accomplissement de la mission. Ce livre inspirera le pasteur expérimenté, instruira le pasteur novice et aidera le dirigeant local désireux de devenir un contributeur efficace au service de Dieu. *Accomplir la Mission* sera un ajout de qualité à toute bibliothèque de dirigeant chrétien.

—*Dr. Orlando Serrano*
Surintendant de district, Western Latin American District V

PRÉFACE

Depuis plusieurs années, je formule des critiques sur la manière dont beaucoup de chrétiens abordent leur engagement missionnaire. Nous avons parfois des doctrines et principes administratifs avisés, bons et admirables ainsi qu'une belle infrastructure en place afin de développer une église saine, mais nous échouons lorsqu'il s'agit d'appliquer la vie missionnaire et holistique de Jésus en tant que modèle pratique et contextuel dans la vie de l'église.

J'ai découvert, comme des milliers d'autres serviteurs de Dieu, que si l'église souhaite être le sel de la terre et la lumière du monde comme Jésus dit dans Matthieu 5.13-14, cela nécessite non seulement de nombreux et solides arguments mais également une incarnation des vérités de Jésus affichée dans un contexte réel, afin d'être préparés à confronter un monde agressif et chaotique.

Au vue d'un tel contexte, c'est avec une grande appréciation et admiration que je lis les pensées que l'auteur a incorporées dans ce livre précieux – un livre qui non seulement présume, mais assume également une position très pragmatique et contextuelle de la vie et du ministère du Christ incarné.

J'aime la manière dont il présente son contenu ; il commence par « le plan de Dieu » et finit par « le plan » devenu alors réel commandement. Autrement dit, le plan est le projet de Dieu pour le salut de l'espèce humaine et le commandement est un impératif de l'église se devant d'accomplir ce plan missionnaire. Néanmoins, il nous présente au cœur de ce livre les activités d'une église holistique. Ces deux aspects ne peuvent être dissociés. Par exemple, l'œuvre du Saint-Esprit stimule la vie de celui qui est préparé, grâce à la prière et au jeûne, à présenter l'évangile de manière concise, forte, ointe et incarnée comme fruit de sa préparation.

Il traite la question importante de concevoir les Écritures comme la fondation du savoir pour tous les serviteurs désirant devenir de vrais missionnaires du royaume. Ce savoir nous conduit jusqu'au cœur de Dieu, et le Seigneur est alors révélé a ceux qui le cherchent au moment même où il fait clairement apparaître son plan. Plus simplement nous pourrions dire que l'homme ou la femme qui ne connaît pas Dieu ne peut jamais devenir un missionnaire holistique.

Un autre facteur clé important : l'église a été créée afin d'accomplir le plan remarquable de Dieu que nous voyons au début de ce livre. Ce plan nous invite à incarner tout le savoir de Jésus, sa vérité et son expérience dans nos vies afin que nous puissions « être » les témoins de Jésus et « être » missionnaires.

Je connais l'auteur depuis bien des années, c'est un ami proche. J'ai vu sa passion et son zèle afin que le royaume de Dieu soit instauré dans ce monde décadent. Personne n'est plus à même de présenter ce matériel qui est le fruit de sa propre expérience, et plus encore, son mode de vie présenté sous forme verbale et pratique.

À ce titre, je remercie personnellement le Seigneur pour ses serviteurs qui sont sensibles au besoin et peuvent partager humblement, mais avec acuité, les vérités auxquelles l'église a besoin

PRÉFACE

de revenir envers leur responsabilité, objectivité et leur grande passion.

Je recommande également que ce livre soit considéré comme partie intégrante de la formation missionnaire, évangélique et managériale.

Que le Seigneur bénisse et invite chaque personne qui lit, étudie et partage ce matériel. Telle est la prière de l'auteur dans son introduction : « au cours de l'écriture de ce livre, j'ai demandé à Dieu d'en faire un outil de bénédiction pour tous les lecteurs qui sont dans l'obéissance fidèle et au service de l'accomplissement de la mission de l'église. »

—*Rev. Leonel de Leon*
Coordonnateur de stratégies, North Central,
Région Mésoamérique

INTRODUCTION

L'idée d'écrire un livre, sur les principes de Jésus afin d'accomplir la mission, m'est venue en Mai 2012 lorsque je fus nommé directeur des ministères multiculturels par le directeur général Bob Broadbooks pour la région USA/Canada. Le privilège de mon nouveau poste, tout en étant directeur des ministères hispaniques depuis 2002, mettrait en avant la responsabilité de fournir une orientation ainsi qu'un soutien stratégique et logistique à plus de 16 groupes ethniques et linguistiques.

Cette nouvelle phase de la vie ministérielle m'a amené à chercher, grâce à la prière et au jeûne, la direction de Dieu afin de découvrir par où commencer et exécuter cette nouvelle tâche. Je sentais qu'il serait très important de maintenir le contact avec les dirigeants des groupes ethniques et linguistiques et de procurer une inspiration biblique afin d'accomplir la mission. C'est ainsi que me vint l'idée de créer et d'établir un bulletin d'information électronique mensuel axé sur les animateurs des différents groupes ethniques et les membres respectifs de leur comité de stratégies. Ce bulletin d'information serait un bon moyen de présenter des réflexions bibliques, informations, statistiques, des requêtes de prières, etc.

L'outil étant en place – le bulletin d'information – il me fallait alors chercher et fournir son contenu afin d'atteindre l'objectif de ce bulletin d'information avec les responsables multiculturels. C'est au milieu de tout cela que j'ai commencé à écrire une série de réflexions bibliques sur les principes de Jésus afin d'accomplir la mission. Chaque mois je consultais les évangiles afin de trouver un principe grâce auquel Jésus avait rempli sa mission. Je fus fasciné et béni par l'écriture de sept réflexions, observant et suivant les principes que Jésus utilisa dans l'accomplissement de la mission du royaume de Dieu.

Évidemment, les principes trouvés ne m'étaient pas entièrement inconnus. C'était en effet des sujets rencontrés d'innombrables fois lors de la lecture des évangiles, des nombreuses projections du film Jésus, des livres lus, des sermons entendus, des conférences auxquelles j'avais participé, des conversations que j'avais eues avec des collègues. La nouveauté pour moi était de les écrire comme une série de réflexions sur les principes que Jésus appliqua dans l'accomplissement de sa mission, de les intégrer dans un système.

En relisant les évangiles afin de trouver les principes que Jésus utilisa et comment il parvint à les transmettre à ses disciples en vue d'une formation internationale, j'obtins une nouvelle perspective de l'activité ministérielle nécessaire afin de suivre les traces du Maître dans l'accomplissement de sa mission, tout en m'amenant à penser à l'opportunité d'étendre ces principes et de les retranscrire sous forme de livre pratique et composé de courts chapitres afin d'optimiser la réflexion et l'application du ministère pastoral actuel.

Au cours de l'écriture de ce livre, j'ai demandé à Dieu d'en faire un outil de bénédictions pour tous les lecteurs qui sont

INTRODUCTION

dans l'obéissance fidèle et au service de l'accomplissement de la mission de l'église.

CHAPITRE 1

LE PLAN DE DIEU

"

Oui, Dieu a tant aimé le monde qu'il a donné son Fils, son unique, pour que tous ceux qui placent leur confiance en lui échappent à la perdition et qu'ils aient la vie éternelle. En effet, Dieu a envoyé son Fils dans le monde non pas pour condamner le monde, mais pour qu'il soit sauvé par lui. (Jean 3.16-17)

"

L'histoire de la création dans le livre de la Genèse explique l'harmonie qui existait entre le Créateur et sa création. Après chaque acte de la création, l'auteur s'exclama : « et Dieu vit que cela était bon ».

> Genèse 2.1-3 *« Ainsi furent achevés le ciel et la terre avec toute l'armée de ce qu'ils contiennent. Au septième jour, Dieu avait achevé tout ce qu'il avait créé. Alors il se reposa en ce jour-là de toutes les œuvres qu'il avait accomplies. Il bénit le septième jour, il en fit un jour qui lui est réservé, car, en ce jour-là, il se reposa de toute l'œuvre de création qu'il avait accomplie. »*

Dieu, le Créateur, établit une relation parfaite et intime avec Adam et Eve, qui avaient été désignés comme intendants de sa création. Il établit également une période d'essai où Adam et Eve pourraient exercer leur droit de libre arbitre afin de décider entre le bien et le mal. Cette période d'essai dépendait de leur obéissance au mandat divin.

> Genèse 2.16-17 *« Et l'Éternel Dieu ordonna à l'homme : Mange librement des fruits de tous les arbres du jardin, sauf du fruit de l'arbre du choix entre le bien et le mal. De celui-là, n'en mange pas, car le jour où tu en mangeras, tu mourras. »*

Si Dieu allait être glorifié par le service volontaire des humains, alors ces derniers devraient être mis à l'épreuve – soumis à la tentation – au risque du coût inévitable de la possibilité de pécher.[1] Malheureusement, Adam et Eve choisirent de satisfaire les désirs de leurs yeux et de leurs propres ambitions et désobéirent donc, allant à l'encontre de ce qui avait été établi par Dieu. Ils se laissèrent aller à la tentation et à la tromperie de Satan qui déforma la parole de Dieu et les rendit désobéissants à Dieu : *« Vraiment, Dieu vous a dit : Ne mangez du fruit d'aucun des arbres du jardin ! »*

La désobéissance d'Adam et Eve eut des conséquences graves pour l'espèce humaine ainsi que toute la création de Dieu. La conséquence immédiate de leur désobéissance (leur péché) fut la brisure de l'harmonie parfaite qui existait entre le Créateur et sa création. Le Dieu d'amour et Créateur vint trouver Adam et Eve après qu'ils aient désobéis. Dieu a continuellement cherché depuis, des moyens de racheter l'espèce humaine de la malédiction du péché et de ses conséquences.

Dieu, saint et plein d'amour, dut trouver une punition pour la désobéissance d'Adam et Eve. La nature sainte de Dieu ne peut ignorer le péché de désobéissance. Et pourtant, même dans l'acte de punition, Dieu qui est juste et miséricordieux punit avec un plan de rédemption :

> Genèse 3.15 *« Je susciterai l'hostilité entre toi-même et la femme, entre ta descendance et sa descendance. Celle-ci t'écrasera la tête, et toi, tu lui écraseras le talon. »*

La phrase « tu lui écraseras le talon » se réfère aux tentatives permanentes de vaincre le Christ durant sa vie sur terre. « Celle-ci t'écrasera la tête » annonce la défaite de Satan lorsque Christ ressuscita des morts. Un coup au talon n'est pas mortel mais une blessure à la tête l'est certainement. Dieu révélait déjà son intention de vaincre Satan et d'offrir le salut au monde à travers son Fils, Jésus-Christ.[2]

Dieu a révélé son plan de rédemption pour son peuple à travers les époques. Les prophètes, les porte-parole de Dieu au peuple d'Israël et aux nations ont annoncé la venue du Messie qui les libérerait du péché et de ses conséquences. Les prophéties du Messie provenant des écrits de l'Ancien Testament sont tissées comme un fil conducteur historique pointant vers le plan parfait de Dieu au salut, et recouperait l'histoire de l'humanité en la personne du Messie, Christ le Rédempteur, l'Oint de Dieu.

> ÉSAÏE 43.1-4 *« Maintenant, l'Éternel, qui t'a créé, ô peuple de Jacob, et qui t'a façonné, ô Israël, te déclare ceci : « Ne sois pas effrayé car je t'ai délivré, je t'ai appelé par ton nom, tu es à moi. Quand tu passeras par les eaux, je serai avec toi, quand tu traverseras les fleuves, ils ne te submergeront pas, quand tu marcheras dans le feu, il ne te fera pas de mal et tu ne seras pas brûlé, puisque moi, l'Éternel, je suis ton Dieu, le Saint d'Israël, ton Sauveur. Je donnerai l'Egypte comme rançon pour toi, l'Éthiopie et Seba en échange de toi. Oui, parce que tu m'es précieux, et que tu as du prix pour moi, et que je t'aime, je donnerai des hommes en échange de toi, et des nations contre ta vie. »*

Les gens du peuple d'Israël ont toujours vécu dans l'attente et l'espoir du règne futur du Messie. Et dans leurs moments de plus grande angoisse et souffrance, ils ont toujours cherché des moyens à se maintenir dans la promesse de leur engagement avec Dieu, qu'un jour il enverrait son serviteur le Messie afin que ce dernier règne et gouverne son peuple avec justice. Cette promesse historique du Messie les encouragea à avoir confiance et tenir bon, malgré les difficultés de leurs expériences dans leur histoire en tant que peuple de Dieu.

Au moment idéal, Dieu tint sa promesse d'envoyer le Messie qui était attendu par le peuple du père de la foi, Abraham ainsi que ses descendants. Dieu est fidèle et garde ses promesses en son temps. Dieu descendrait et s'incarnerait comme partie intégrante de l'espèce humaine en la personne de Jésus, son Fils qui exécuterait le plan parfait de rédemption pour toute l'humanité.

JEAN 1.14-16 *« Celui qui est la Parole est devenu homme et il a vécu parmi nous. Nous avons contemplé sa gloire, la gloire du Fils unique envoyé par son Père : plénitude de grâce et de vérité ! Jean, son témoin, a proclamé publiquement : Voici celui dont je vous ai parlé lorsque j'ai dit : Celui qui vient après moi m'a précédé car il existait déjà avant moi. Nous avons tous été comblés de ses richesses. Il a déversé sur nous une grâce après l'autre. »*

L'apôtre Pierre témoigna de l'espoir vivant en la personne du Christ.

1 PIERRE 1.10-11 *« Ce salut a fait l'objet des recherches et des investigations des prophètes qui ont annoncé d'avance la grâce qui vous était destinée. Ils cherchaient à découvrir à quelle époque et à quels événements se rapportaient les indications données par l'Esprit du Christ. Cet Esprit était en eux et annonçait à l'avance les souffrances du Messie et la gloire dont elles seraient suivies. »*

Il est réellement Dieu. Mais dans la révélation du Christ, sa divinité humaine n'est pas séparée d'humanité ; les natures divines et humaines ne se séparèrent jamais en lui et aucune ne neutralisa l'une de l'autre. Nous voyons en Jésus-Christ … l'ampleur de la divinité restreinte par les frontières de l'humanité. Nous ne percevons pas les attributs du divin dans son infinité limitée mais plutôt les attributs divins prenant forme humaine.[3]

QUESTIONS SUSCITANT LA RÉFLEXION :

1. Quel impact ce chapitre a-t-il eu sur vous par rapport à l'amour de Dieu et son plan du salut pour la rédemption de l'espèce humaine ?

2. Comment les promesses de Dieu à son peuple, en la personne de Jésus-Christ vous ont-elles aidées ?
3. Quels autres passages bibliques auriez-vous utilisés pour ce chapitre ?
4. Comment les prophéties à propos du Messie vous ont-elles inspirées ?
5. Répondez à cette question sur une échelle de 1 à 10, 10 étant le résultat le plus élevé : Que ressentez-vous actuellement vis-à-vis de la fidélité de Dieu et ses promesses dans votre vie ?

> Exode 19.5-6 « *Maintenant, si vous m'obéissez et si vous restez fidèles à mon alliance, vous serez pour moi un peuple précieux parmi tous les peuples, bien que toute la terre m'appartienne. Mais vous, vous serez pour moi un royaume de prêtres, une nation sainte. Telles sont les paroles que tu transmettras aux Israélites.* »

6. Que devrais-je faire pour faire confiance aux promesses faites par Dieu ?
7. Pour une réflexion plus poussée sur ce chapitre, prenez le temps si possible, de prier et d'étudier les Écritures que vous avez recueillies.

CHAPITRE 2

LE SAINT-ESPRIT

"

Aussitôt après avoir été baptisé, Jésus sortit de l'eau. Alors le ciel s'ouvrit pour lui et il vit l'Esprit de Dieu descendre sous la forme d'une colombe et venir sur lui. En même temps, une voix venant du ciel fit entendre ces paroles : Celui-ci est mon Fils bien-aimé, celui qui fait toute ma joie.

(Matthieu 3.16-17)

"

Le Saint-Esprit fut envoyé à Jésus le Fils de Dieu publiquement, afin de confirmer qu'il était bien le vrai Messie de la promesse de Dieu au salut. Le Dieu trinitaire est présent dans l'histoire de la rédemption humaine. Le Saint-Esprit serait en Jésus afin de le guider tout au long de sa vie ministérielle. Luc 4.1

« Jésus, rempli de l'Esprit Saint, revint du Jourdain et le Saint-Esprit le conduisit dans le désert. » Le Saint-Esprit serait un compagnon fidèle de Jésus dans l'accomplissement de la mission du royaume de Dieu. Le Saint-Esprit lui donnerait la force d'affronter et de résister aux tentations du diable dans le désert et durant le reste de son ministère.

> Les tentations de Satan sont axées sur trois aspects : (1) les désirs physiques, (2) les possessions et le pouvoir, et (3) l'orgueil (une liste similaire existe dans 1 Jean 2.15-16). Mais Jésus ne céda pas. L'Épître aux Hébreux 4.15-16 mentionne que Jésus fut tenté … mais qu'il ne céda pas une seule fois et qu'il ne pécha pas. Jésus parvint à résister à toutes les tentations de Satan, non seulement parce qu'il connaissait les Écritures mais s'y conformait également (Éphésiens 6.17).[1]

Le temps passé dans le désert était nécessaire afin de préparer Jésus avant le début de son ministère. Il fut d'abord en communion intime avec Dieu le Père à travers la prière et le jeûne. Puis, lorsque Satan vint le tenter, il fut non seulement capable de le vaincre mais également de ne point pécher, prouvant ainsi qu'il est possible de ne pas succomber aux tentations et tromperies du diable.

> LUC 4.14-15 *« Jésus, rempli de la puissance de l'Esprit, retourna en Galilée. Sa réputation se répandit dans toute la région. Il enseignait dans les synagogues et tous faisaient son éloge. »*

Il était nécessaire que Jésus puisse prêcher et professer sous la direction de la force et de l'onction de l'Esprit Saint. Jésus accomplissait la mission tout en montrant de par son exemple ce qui est essentiel et indispensable afin que la présence du Saint-

Esprit puisse accomplir pleinement la mission du royaume. Ce n'est que grâce à l'aide du Saint-Esprit que Jésus put commencer triomphalement et culminer la mission de Dieu le Père.

Il n'était pas le seul à travailler sur son humanité. C'était également le temple du Saint-Esprit que Dieu lui donna sans limites (Jean 3.34). Tout ce qui appartient au Fils en tant que représentant de l'homme était sous la direction immédiate du Saint-Esprit. Le Saint-Esprit le guida et le protégea dans chacune de ses expériences de cette vie terrestre, étant président sur tout son ministère. [2]

Préparant ses disciples à son départ, Jésus leur dit que le Saint-Esprit se présenterait à eux afin de les accompagner dans leur vie quotidienne et les réconforter dans les moments les plus laborieux de leurs vies.

> JEAN 16.7 *« Pourtant, c'est la vérité que je vais vous dire : il vaut mieux pour vous que je m'en aille. En effet, si je ne m'en vais pas, le Défenseur ne viendra pas à vous. Mais si je m'en vais, alors je vous l'enverrai. »*

Jésus savait combien il était essentiel pour ses disciples d'avoir la présence du Saint-Esprit dans leurs vies. Le Saint-Esprit aiderait les disciples à être fidèles et efficaces dans l'accomplissement de la mission. Il insista encore et toujours sur l'importance des enseignements de l'Esprit Saint pour les vies de ses disciples.

> LUC 24.49 *« Quant à moi, j'enverrai bientôt sur vous ce que mon Père vous a promis. Vous donc, restez ici dans cette ville, jusqu'à ce que vous soyez revêtus de la puissance d'en haut. »*

À travers une parabole, Jésus enseigna à ses disciples de quelle façon ils devraient chercher la présence du Saint-Esprit dans leurs vies. Dieu le Père veut leur donner l'Esprit mais il ne tient qu'à eux d'appliquer ce désir ardent à leurs cœurs afin de le recevoir.

> Luc 11.9-13 « *Ainsi, moi je vous le dis : Demandez, et vous recevrez ; cherchez, et vous trouverez ; frappez, et l'on vous ouvrira. Car celui qui demande reçoit ; celui qui cherche trouve ; et l'on ouvre à celui qui frappe. Il y a des pères parmi vous. Lequel d'entre vous donnera un serpent à son fils quand celui-ci lui demande un poisson ? Ou encore, s'il demande un œuf, lui donnera-t-il un scorpion ? Si donc, tout mauvais que vous êtes, vous savez donner de bonnes choses à vos enfants, à combien plus forte raison le Père céleste donnera-t-il l'Esprit Saint à ceux qui le lui demandent.* »

Ce fut le désir de Jésus, que ses disciples aient ce que lui-même eut durant son ministère terrestre : la force et l'onction du Saint-Esprit. C'est pour cette raison qu'il leur dit ces derniers mots avant son ascension vers Dieu le Père :

> Actes 1.8-9 « *Mais le Saint-Esprit descendra sur vous : vous recevrez sa puissance et vous serez mes témoins à Jérusalem, dans toute la Judée et la Samarie, et jusqu'au bout du monde. Après ces mots, ils le virent s'élever dans les airs et un nuage le cacha à leur vue.* »

Le Jour de la Pentecôte, l'accomplissement de la promesse de la venue du Saint-Esprit pour ceux qui étaient obéissants dans l'attente de son arrivée proclama une nouvelle ère pour l'église dans le royaume de Dieu. L'accomplissement de la promesse de Jésus d'envoyer l'Esprit Saint à ses disciples fut accompagnée d'une série d'évènements surnaturels : un vent violent, des langues de feu, le parler en d'autres langues et entendre la Bonne Nouvelle dans leurs propres langues. Tout cela culmina au salut de trois mille personnes, comme mentionné dans les Actes.[3]

Dans l'Ancien Testament, Dieu donna son Esprit à ceux qu'il appela à accomplir une mission spécifique parmi son peuple. Le Saint-Esprit fut envoyé à un nombre limité de personnes, leur procurant ainsi un pouvoir surnaturel comme dans le cas de David :

> 1 SAMUEL 16.13 *« Samuel prit la corne pleine d'huile et il en oignit David en présence de sa famille. L'Esprit de l'Éternel tomba sur David et demeura sur lui à partir de ce jour-là et dans la suite. »*

L'Esprit Saint est désormais à la portée de tous dans le nouveau régime de l'église afin de guider, responsabiliser et d'enseigner à l'église tout ce qui se relate à la mission de Dieu : JEAN 14.26 *« Mais le Défenseur, le Saint-Esprit que le Père enverra en mon nom, vous enseignera toutes choses et vous rappellera tout ce que je vous ai dit moi-même. »*

L'église de Jésus-Christ notre Seigneur compte sur le bienfait d'avoir le pouvoir du Saint-Esprit à sa disposition. Le livre des Actes témoigne de la puissance du Saint-Esprit sur l'église. Dans les temps difficiles de persécution, l'église avait la certitude que le Saint-Esprit les renforcerait et les aiderait à accomplir la mission :

> ACTES 4.29-31 *« Maintenant, Seigneur, vois comme ils nous menacent, et donne à tes serviteurs la force d'annoncer ta Parole avec une pleine assurance. Étends ta main pour qu'il se produise des guérisons, des miracles et d'autres signes*

> *au nom de ton saint serviteur Jésus. Quand ils eurent fini de prier, la terre se mit à trembler sous leurs pieds à l'endroit où ils étaient assemblés. Ils furent tous remplis du Saint-Esprit et annonçaient la Parole de Dieu avec assurance. »*

La jeune église fut guidée et accompagnée par l'Esprit afin de faire avancer la mission du royaume et ses membres furent revêtus de la puissance du Saint-Esprit. Le premier martyr mentionné dans l'histoire de l'église fut Étienne, « *un homme plein de grâce et d'énergie, [qui] accomplit de grands signes et miracles parmi le peuple* ». L'Esprit Saint aida les gens de l'église à remplir leur fonction de témoins où qu'ils aillent et quelque soient les situations menaçantes rencontrées, comme Philippe lorsqu'il s'enfuit de la persécution qui éclata à Jérusalem :

> Actes 8.5-8 « *Philippe se rendit dans la capitale de la Samarie et prêcha le Christ à la population. Elle se montra tout entière très attentive à ses paroles en l'entendant et en voyant les signes miraculeux qu'il accomplissait. En effet, beaucoup de personnes qui avaient des démons en elles en furent délivrées ; ils sortaient d'elles en poussant de grands cris, et de nombreux paralysés et des infirmes furent guéris. Aussi, toute la ville était-elle dans une grande joie.* »

L'apôtre Paul agissait par la puissance de l'Esprit et affirma que sa prédication ne dépendait pas de ses connaissances humaines mais du pouvoir de Dieu.

> 1 Corinthiens 2.4-5 « *Mon enseignement et ma prédication ne reposaient pas sur les discours persuasifs de la « sagesse », mais sur une action manifeste de la puissance de l'Esprit. Ainsi votre foi a été fondée, non sur la « sagesse » humaine, mais sur la puissance de Dieu.* »

L'apôtre Paul rappela à l'église de Thessalonique comment cette bonne nouvelle leur avait été annoncée :

> 1 Thessaloniciens 1.5 « *En effet, la bonne nouvelle que nous annonçons, nous ne vous l'avons pas apportée en paroles seulement, mais aussi avec la puissance et la pleine conviction que donne le Saint-Esprit. Et vous le savez bien, puisque vous avez vu comment nous nous sommes comportés parmi vous, pour votre bien.* »

L'Esprit Saint est la source indispensable du pouvoir de l'église afin d'accomplir la mission du royaume avec efficacité et fidélité. « L'Esprit Saint nous condamne, nous purifie, nous comble et nous renforce tandis que la grâce de Dieu nous transforme jour après jour en une communauté d'amour, de discipline spirituelle, de pureté, d'éthique, de rectitude morale, de compassion et de justice. »[3] L'église doit absolument se fier au pouvoir du Saint-Esprit afin de confronter les oppositions de l'obscurité et de faire avancer le royaume de Dieu, tout comme le firent Jésus et l'église primitive. Les biographies des grands serviteurs de Dieu qui eurent un impact considérable sur l'établissement et la progression de la mission de l'église attestent de leur expérience extraordinaire avec le Saint-Esprit.

James Hervey, l'un des collègues du ministère de John Wesley, décrit bien la différence que l'Esprit Saint produit au ministère de John Wesley :

> Bien que sa prédication ait été comme le tir d'une flèche, dépendant totalement de la force et de la rapidité de son bras afin d'aligner la flèche, c'était maintenant comme une balle de fusil dont le tir ne dépendait que de la force nécessaire au doigt pour appuyer sur la gâchette.[4]

Phineas F. Bresee, fondateur de l'Église du Nazaréen, rapporta à l'auteur de sa biographie, Carl Bangs, l'expérience extraordinaire qu'il eut avec le Saint-Esprit, deux ans avant de devenir pasteur de l'Église de Fort en Californie :

> Malgré mon succès, je priais continuellement et sincèrement, demandant à Dieu de me donner une expérience qui répondrait à mes besoins. Un soir, alors que j'étais assis dans mon salon, j'ai commencé à prier, et quelque temps après, une boule de feu comme une météorite vint à moi et j'entendis une voix me dire : « bois, bois », et mon visage et mes lèvres furent à l'instant couverts. Je tentai d'obéir à la voix et goûta une sensation de feu qui m'envahit alors pendant plusieurs jours. Cela transforma mon cœur et fut une bénédiction dans ma vie. C'était une onction glorieuse que je n'avais jamais éprouvée auparavant. Je sentis que le besoin de satisfaction que j'ai recherché dans ma vie avait été accompli. Un élément nouveau de la vie et de la puissance spirituelle entra ce jour-là dans mon ministère et je fis alors en sorte que plus de gens soient convertis.[5]

Ces deux grands héros de la foi eurent un impact énorme sur le progrès de la mission du royaume de Dieu en leur temps et transcendèrent les barrières où ils officièrent. Aujourd'hui ceux qui proclament un héritage théologique et doctrinal de ces deux serviteurs de Dieu recherchent une expérience avec le Saint-Esprit dans l'accomplissement de la mission.

> Ah, mes chers collègues chrétiens ! Nous avons besoin d'être imbibés d'une nouvelle émanation de l'Esprit sur nous ; nous avons besoin que le pouvoir de Dieu descende sur nous encore et encore, descende dans nos cœurs, nous remplisse et nous sature jusqu'à ce que nous puissions vraiment dire de nos vies, « pas

moi, mais Christ » et dans nos ministères « pas moi, mais l'Esprit de Dieu ».[6]

QUESTIONS SUSCITANT LA RÉFLEXION :

1. Quel impact ce chapitre a-t-il eu sur vous pour l'accomplissement dd la mission par rapport à la vie de Jésus et son ministère après avoir reçu le Saint-Esprit afin de l'accompagner avec force et onction ?
2. Comment la promesse du Saint-Esprit de Jésus à ses disciples vous a-t-elle aidée ?
3. Quels autres passages bibliques auriez-vous utilisés pour ce chapitre ?
4. Comment est-ce que les vies des serviteurs de Dieu insufflés par l'Esprit Saint vous ont-elles inspirées dans l'accomplissement de la mission ?
5. Répondez à cette question sur une échelle de 1 à 10, 10 étant le résultat le plus élevé : Que ressentez-vous actuellement vis-à-vis de la puissance et de l'onction du Saint-Esprit dans votre vie pour l'accomplissement de la mission ?

   ZACHARIE 4.6 *« Voici le message que l'Éternel adresse à Zorobabel : « Cette œuvre, vous l'accomplirez ni par votre bravoure ni par la force, mais c'est par mon Esprit, le Seigneur des armées célestes le déclare. »*

6. Que devrais-je faire pour conserver l'onction et la force du Saint-Esprit dans ma vie pour l'accomplissement de la mission ?

7. Pour une réflexion plus poussée sur ce chapitre, prenez le temps si possible, de prier et d'étudier les Écritures que vous avez recueillies.

CHAPITRE 3

LES ÉCRITURES

"

Vous étudiez avec soin les Écritures, parce que vous êtes convaincus d'en obtenir la vie éternelle. Or, précisément, ce sont elles qui témoignent de moi. (Jean 5.39)

"

Jésus comprenait pleinement les Écritures sacrées et s'y référa constamment dans l'accomplissement de la mission. À un âge précoce, il conversait déjà avec des docteurs de la loi qui étaient eux-mêmes érudits et interprètes des livres sacrés pour le peuple de Dieu.

LUC 2.46 « *Trois jours plus tard, ils le retrouvèrent dans le Temple, assis au milieu des maîtres ; il les écoutait et leur posait des questions.* »

Jésus émergea victorieux contre la tromperie et les pièges du diable, citant les Écritures Saintes durant sa confrontation avec Satan dans le désert : ^{MATTHIEU 4.4} *« Mais Jésus répondit : Il est écrit : L'homme n'a pas seulement besoin de pain pour vivre, mais aussi de toute parole que Dieu prononce. »* Chaque fois que Satan lui offrait quelque chose pour le tenter, Jésus répondait avec affirmation : *« Il est aussi écrit : tu ne mettras pas à l'épreuve le Seigneur ton Dieu. »*

Jésus visita les synagogues et affirma les enseignements des Écritures.

> Les synagogues étaient très importantes dans la vie religieuse des juifs. Durant l'exil, lorsque les juifs ne pouvaient profiter du temple, les synagogues furent établies comme lieux de culte le samedi et en tant qu'écoles pour enfants durant la semaine.[1]

Luc rapporta l'histoire du moment où Jésus visita la synagogue et qu'on lui donna le livre du prophète Ésaïe à lire. Un passage se référant à l'annonce de la venue du Messie fut trouvé (Ésaïe 61.1-2). Après la lecture des Écritures Jésus conclu en disant : « aujourd'hui cette parole de l'Écriture que vous venez d'entendre, est accomplie »

Les religieux sadducéens qui ne croyaient pas à la résurrection, avaient leur propre interprétation de la vie après la mort. Les sadducéens s'approchèrent de Jésus et lui demandèrent en se référèrent à la loi de Moise afin d'exprimer leur opposition à la croyance de la résurrection, si la résurrection des morts existait ou pas. Mais Jésus corrigea leur mauvaise interprétation en utilisant les Écritures :

> ^{MARC 12.24-27} *« Jésus leur dit : Vous êtes dans l'erreur, et en voici la raison : vous ne connaissez pas les Ecritures ni quelle*

> *est la puissance de Dieu. En effet, une fois ressuscités, les hommes et les femmes ne se marieront plus ; ils vivront comme les anges qui sont dans le ciel. Quant à la résurrection des morts, n'avez-vous jamais lu dans le livre de Moïse, lorsqu'il est question du buisson ardent, en quels termes Dieu lui a parlé ? Il lui a dit : Je suis le Dieu d'Abraham, le Dieu d'Isaac, le Dieu de Jacob. Dieu n'est pas le Dieu des morts, mais le Dieu des vivants. Oui, vous êtes complètement dans l'erreur.* »

Jésus enseigna à ses disciples les principes de base des Écritures et après sa résurrection apparut à deux d'entre eux afin de les confirmer.

> Luc 24.27 « *Alors, commençant par les livres de Moïse et parcourant tous ceux des prophètes, Jésus leur expliqua ce qui se rapportait à lui dans toutes les Écritures.* »

Les apôtres utilisèrent les Écritures afin de témoigner du plan de Dieu en la personne de son Fils, Jésus-Christ. Le jour de la Pentecôte, l'apôtre Pierre fit référence aux Écritures expliquant le phénomène de la venue du Saint-Esprit :

> Actes 2.16-18 « *Mais maintenant se réalise ce qu'avait annoncé le prophète Joël : Voici ce qui arrivera, dit Dieu, dans les jours de la fin des temps : Je répandrai de mon Esprit sur tous les hommes. Vos fils, vos filles prophétiseront, vos jeunes gens, par des visions, vos vieillards, par des songes, recevront des révélations. Oui, sur mes serviteurs, comme sur mes servantes, en ces jours-là, je répandrai de mon Esprit : ils prophétiseront.* »

Philippe, le diacre, utilisa l'Écriture afin d'évangéliser l'eunuque d'Éthiopie.

Actes 8.35 « *Alors Philippe prit la parole et, partant de ce texte, lui annonça la bonne nouvelle de Jésus.* »

Lorsque l'apôtre Paul vint jusqu'à la ville de Bérée, il les éduqua sur Jésus en se référant aux Écritures :

Actes 17.11-12 « *Ils y trouvèrent des gens qui étaient bien mieux disposés que les Juifs de Thessalonique et qui accueillirent la Parole de Dieu avec beaucoup d'empressement ; ils examinaient chaque jour les Écritures pour voir si ce qu'on leur disait était juste. Beaucoup d'entre eux crurent. Et, parmi les Grecs, un grand nombre de femmes de la haute société et beaucoup d'hommes acceptèrent également la foi.* »

La source de l'enseignement doctrinal de l'église primitive pour le plan de Dieu au salut en la personne de Jésus Christ fut fondée d'après les livres sacrés des Écritures :

1 Corinthiens 15.3-4 « *Je vous ai transmis, comme un enseignement de première importance, ce que j'avais moi-même reçu : le Christ est mort pour nos péchés, conformément aux Écritures ; il a été mis au tombeau, il est ressuscité le troisième jour, comme l'avaient annoncé les Écritures.* »

L'église a essayé de garder les doctrines cardinales basées sur les révélations des Écritures Saintes à travers l'histoire. Les articles de foi du *Manuel* de l'Église du Nazaréen stipule que :

Nous croyons en l'inspiration plénière des Écritures Saintes, nous entendons par là les 66 livres de l'Ancien et du Nouveau Testament, donnés par inspiration divine, révélant infailliblement la volonté de Dieu à notre égard pour tout ce qui est nécessaire à notre salut, de telle sorte que ce qui n'y est pas contenu ne peut être prescrit comme article de foi. [2]

LES ÉCRITURES

Les hommes et femmes que Dieu a utilisés afin d'avoir un impact sur son monde, ceux qui ont vécu avec la conviction de la révélation divine des Écritures, comme Martin Luther et John Wesley et d'autres, ont affirmé que leurs vies et leurs enseignements se basaient uniquement sur l'Écriture. John Wesley a dit, « Je ne suis l'homme que d'un seul livre ».

> Connaître et obéir la Parole de Dieu servent en tant qu'armes efficaces contre la tentation, la seule partie offensive de l'armure » de Dieu (Éphésiens 6.17). Jésus utilisa l'Écriture afin de vaincre les embûches de Satan et vous le pouvez également. Mais, afin d'être efficaces, vous devez croire aux promesses de Dieu parce que Satan connaît également les Écritures et est expert à en déformer les termes pour parvenir à ses fins. Obéir les Écritures est bien plus important que de connaître un simple verset à réciter. Lisez-les quotidiennement et appliquez-les à votre vie. De cette façon votre « épée » sera toujours affûtée.[3]

QUESTIONS SUSCITANT LA RÉFLEXION :

1. Quel impact ce chapitre a-t-il eu sur vous par rapport à la façon dont Jésus a utilisé les Écritures dans l'accomplissement de sa mission ?
2. Comment les enseignements de Jésus à ses disciples à propos des Écritures vous-ont-ils aidés ?
3. Quels autres passages bibliques auriez-vous utilisés pour ce chapitre ?
4. Comment est-ce que la façon dont les apôtres ont utilisé les Écritures dans l'accomplissement de la mission vous a-t-elle inspirée ?

5. Répondez à la question sur une échelle de 1 à 10, 10 étant le résultat le plus élevé : Combien de fois utilisez-vous les Écritures dans l'accomplissement de la mission ?

   Josué 1.8 *« Aie soin de répéter sans cesse les paroles de ce livre de la Loi, médite-les jour et nuit afin d'y obéir et d'appliquer tout ce qui y est écrit, car alors tu auras du succès dans tes entreprises, alors tu réussiras. »*

6. Comment puis-je continuer de lire les Écritures dans ma vie de piété ?
7. Pour une réflexion plus poussée sur ce chapitre, prenez le temps si possible, de prier et d'étudier les Écritures que vous avez recueillies.

CHAPITRE 4

LA RELATION INTIME AVEC DIEU LE PÈRE

"

Oui, celui qui m'a envoyé est avec moi ; il ne m'a pas laissé seul, car je fais toujours ce qui lui est agréable. Pendant qu'il parlait ainsi, beaucoup crurent en lui. (Jean 8.29-30)

"

Jésus vécu en rapport de dépendance étroite avec le Père tout au long de son ministère. Sa relation fut un exemple de quelqu'un étant complètement soumis à l'autorité de Dieu qui l'avait envoyé afin d'accomplir la mission du royaume. Cette dépendance envers le Père démontra que ce n'était pas de son propre chef mais bel et bien de celui du son Père céleste.

Jésus, d'un âge précoce, établit qu'il était venu pour accomplir la volonté du Père. Un jour que Jésus se trouvait avec ses parents terrestres durant la célébration de la Pâque, il chercha l'opportunité de parler avec les érudits de la loi. Il était tellement captivé qu'il perdit la notion du temps, manquant le retour à Nazareth avec ses parents.

> Ceux participant aux festivités voyageaient souvent par le biais de caravanes afin de prévenir les agressions sur les routes de Palestine. Il était de coutume pour les femmes et les enfants de voyager à l'avant du cortège, les hommes se trouvant à l'arrière. À douze ans, un garçon pouvait faire partie de chacun de ces deux groupes et Joseph et Marie pensaient donc que Jésus se trouvait dans le groupe de l'autre. Mais lorsque la caravane quitta Jérusalem, Jésus était captivé par la discussion avec les chefs religieux.[1]

Après avoir marché pendant une journée entière, Joseph et Marie réalisèrent que leur garçon Jésus n'était pas dans le groupe de voyageurs retournant dans leur ville. Ils s'inquiétèrent évidemment et décidèrent de retourner à Jérusalem où ils le trouvèrent.

> Luc 2.48-49 *« Ses parents furent très étonnés de le voir là, et sa mère lui dit : Mon enfant, pourquoi nous as-tu fait cela ? Tu sais, ton père et moi, nous étions très inquiets et nous t'avons cherché partout.*
>
> *Pourquoi m'avez-vous cherché ? leur répondit Jésus. Ne saviez-vous pas que je dois m'occuper des affaires de mon Père ? »*

Jésus s'identifiait pleinement avec le Père et était capable de dire qu'il en était l'incarnation.

LA RELATION INTIME AVEC DIEU LE PÈRE

> JEAN 14.7 *« Si vous me connaissez, vous connaîtrez aussi mon Père. Et maintenant déjà vous le connaissez, vous l'avez même vu. »*

Seul l'enfant ayant la sécurité d'une relation intime avec son père est capable de déclarer avec assurance, « si vous me connaissez, vous connaitrez aussi mon Père ». Jésus était certain que tout ce qu'il faisait et enseignait sur la mission du royaume était par obéissance au Père. Il dit à Philippe, l'un de ses disciples :

> JEAN 14.10-11 *« Ne crois-tu pas que je suis dans le Père et que le Père est en moi ? Ce que je vous dis, je ne le dis pas de moi-même : le Père demeure en moi et c'est lui qui accomplit ainsi ses propres œuvres. Croyez-moi : je suis dans le Père et le Père est en moi. Sinon, croyez au moins à cause des œuvres que vous m'avez vu accomplir. »*

En tant que fils, il se soumet volontairement à l'autorité du Père et déclare : « Le Père est plus grand que moi » (Jean 14.28). Ainsi, il y a une harmonie parfaite dans la déité. Le Père prend jovialement la place à la tête et le Fils répond avec obéissance.[2]

Le message de Jésus de la bonne nouvelle du royaume servit à mettre en avant le Père aimant et miséricordieux qui veut le meilleur pour ses enfants et l'espèce humaine. Les miracles de guérison que Jésus accomplit, la chasse des démons, le pardon des péchés et d'autres encore furent entrepris afin que le peuple apprit à connaître la volonté du Père et à croire en lui. Seul un enfant ayant une relation de confiance avec son père oserait inviter des amis à venir vivre chez lui. C'est ce qu'il fit. Il invita ses disciples à venir vivre avec lui dans la maison du Père :

> JEAN 14.1-3 *« Jésus dit : Que votre cœur ne se trouble pas. Ayez foi en Dieu : ayez aussi foi en moi. Dans la maison de mon Père, il y a beaucoup de demeures ; si ce n'était pas vrai,*

je vous l'aurais dit : en effet je vais vous préparer une place. Lorsque je vous aurai préparé une place, je reviendrai et je vous prendrai avec moi, afin que vous soyez, vous aussi, là où je suis. »

Jésus marcha étroitement dans les pas du Père jusqu'aux derniers moments de sa vie avant d'être crucifié pour le salut de l'humanité. Jésus savait où aller dans ses moments d'agonie et de douleur ; il allait vers le Père.

MARC 14.35-36 *« Il fit quelques pas, se laissa tomber à terre et pria Dieu que cette heure s'éloigne de lui, si c'était possible : Abba, Père, pour toi, tout est possible. Eloigne de moi cette coupe ; cependant, qu'il arrive non pas ce que moi, je veux, mais ce que toi, tu veux. »*

Jésus, dans ses dernières paroles du haut de la croix, délaissa son esprit et dit à son Père qu'il avait complété la mission pour laquelle il avait été envoyé : « *Tout est accompli. Il pencha la tête et rendit l'esprit.* »

Jésus voulait que ses disciples aient confiance en lui et en Dieu le Père, tout comme lui.

JEAN 14.13-14 *« Et quoi que ce soit que vous demandiez en mon nom, je le réaliserai pour que la gloire du Père soit manifestée par le Fils. Je le répète : si vous demandez quelque chose en mon nom, je le ferai. »*

Les disciples du Seigneur vécurent en dépendance totale avec le Père tout comme Jésus avant eux. L'apôtre Jean écrivit à l'église dans 1 Jean 1.3 : « *Oui, ce que nous avons vu et entendu, nous vous l'annonçons, à vous aussi, afin que vous aussi vous soyez en communion avec nous. Or, la communion dont nous jouissons est avec le Père et avec son Fils Jésus-Christ.* »

L'apôtre Paul déclara ceci :

> 1 Corinthiens 8.5-6 *« Certes, bien des êtres célestes ou terrestres sont considérés comme des divinités, de sorte qu'il y a de nombreux dieux ou seigneurs. Mais pour ce qui nous concerne, il n'y a qu'un seul Dieu : le Père, de qui toute chose vient, et pour qui nous vivons, et il n'y a qu'un seul Seigneur : Jésus-Christ, par qui tout existe et par qui nous sommes. »*

Dans le livre de Jacques se trouve le passage suivant.

> Jacques 1.17-18 *« tout cadeau de valeur, tout don parfait, nous vient d'en haut, du Père qui est toute lumière et en qui il n'y a ni changement, ni ombre due à des variations. Par un acte de sa libre volonté, il nous a engendrés par la parole de vérité pour que nous soyons comme les premiers fruits de sa nouvelle création. »*

Les enseignements de Jésus à propos du Père influencèrent grandement l'église primitive. Les serviteurs de Dieu apprennent à vivre en dépendance totale à travers une relation intime avec le Père. Ils ne se basent pas sur leurs propres aptitudes et connaissances mais se soumettent plutôt totalement à lui.

> Dieu se manifeste comme Père aimant, proche de ses enfants, et à l'écoute de leurs besoins, c'est donc pour cela qu'il les éduque, les aime, les aide et les guérit. Le développement n'est pas quelque chose que Dieu laisse au hasard ; le Seigneur *nourrit* consciemment ses enfants. L'émotion de Dieu envers ses enfants est représentée dans la signification du nom d'Osée : « libérateur » ou « secoureur ». La racine hébraïque du mot *yasha* indique que la liberté ou l'aide est acquise par la grâce et est gratuite, et en retour procure un havre de paix pour tout enfant de Dieu.[3]

QUESTIONS SUSCITANT LA RÉFLEXION :

1. Quel impact ce chapitre a-t-il eu sur vous par rapport à la relation intime que Jésus eut avec le Père dans l'accomplissement de la mission ?
2. Comment les enseignements de Jésus à ses disciples à propos des Écritures vous ont-ils aidés ?
3. Quels autres passages bibliques auriez-vous utilisés pour ce chapitre ?
4. Comment les enseignements des apôtres à propos du Père vous ont-il inspirés ?
5. Répondez à cette question sur une échelle de 1 à 10, 10 étant la note la plus élevée : Combien comptez-vous sur le Père dans l'accomplissement de la mission ?

   ÉSAÏE 63.16 « *Car tu es notre père : Abraham ne nous connaît pas, et Israël non plus ne nous reconnaît pas. Mais toi, ô Éternel, toi, tu es notre père, et ton nom est depuis des temps anciens : « Notre Libérateur ».* »

6. Comment puis-je maintenir une relation intime et digne de confiance avec le Père ?
7. Pour une réflexion plus poussée sur ce chapitre, prenez le temps si possible, de prier et d'étudier les Écritures que vous avez recueillies.

CHAPITRE 5

PRIÈRE ET JEÛNE

"

Le lendemain, bien avant l'aube, en pleine nuit, il se leva et sortit. Il alla dans un lieu désert pour y prier. Simon et ses compagnons partirent à sa recherche. Quand ils l'eurent trouvé, ils lui dirent : Tout le monde te cherche. Allons ailleurs, leur répondit-il, dans les villages voisins ! Il faut que j'y apporte aussi mon message. Car c'est pour cela que je suis venu. Et il partit à travers toute la Galilée : il prêchait dans les synagogues des Juifs et chassait les démons. (Marc 1.35-39)

"

Jésus mena une vie disciplinée de prière et de jeûne pour l'accomplissement de la mission. La prière était le moyen par lequel Jésus était en communion constante avec le Père.

La prière était essentielle dans sa vie et son ministère. Les évangiles décrivent Jésus comme étant constamment en train de prier. Le plus important pour lui était de commencer sa journée en prière. Il partait à la recherche d'un endroit tranquille afin de pouvoir se concentrer et éviter les distractions de ceux qui interrompraient sa conversation avec le Père.

Jésus prêcha le message du royaume avec autorité et passa du temps seul avec le Père, à méditer et préparer son cœur à la Parole qu'il transmettrait à ses auditeurs. Lors de confrontation avec des démons, Jésus était renforcé par la prière et le jeûne ce qui lui permettait non seulement de les chasser mais également de libérer ceux qui étaient oppressés par ces esprits démoniaques.

Jésus pratiquait la prière comme une discipline spirituelle qui lui donnait la puissance et l'autorité du Père et du Saint-Esprit afin de guérir les malades. L'auteur de l'évangile de Luc présente la vie dévotionnelle de Jésus pour l'accomplissement de la mission :

Luc 5.15-16 *« La réputation de Jésus se répandait de plus en plus. Aussi, de grandes foules affluaient pour l'entendre et pour se faire guérir de leurs maladies. Mais lui se retirait dans des lieux déserts pour prier. »*

Jésus se disciplinait afin de prier tous les matins mais également après une longue journée de ministère. Après avoir passé de longues heures à éduquer les foules et étant sans aucun doute très fatigué, il savait comment recevoir une force nouvelle en passant du temps à prier et à remercier le Père.

MATHIEU 14.23 *« Quand tout le monde se fut dispersé, il gravit une colline pour prier à l'écart. À la tombée de la nuit, il était là, tout seul. »*

Jésus priait également pour la bénédiction du Père en public comme lors du miracle de la multiplication de quelques poissons et miches de pain afin de nourrir une foule immense qui s'était amassée pour l'entendre. Après une longue journée Jésus voulait finir ses enseignements en répondant au besoin primaire du ravitaillement.

MATTHIEU 14.19 *« Il ordonna à la foule de s'asseoir sur l'herbe, puis il prit les cinq pains et les deux poissons, il leva les yeux vers le ciel et prononça la prière de bénédiction ; ensuite, il partagea les pains et en donna les morceaux aux disciples qui les distribuèrent à la foule. »*

Plusieurs fois, Jésus invita ses disciples à l'accompagner pour prier, leur apprenant ainsi ce qui était essentiel pour la prière, non seulement individuellement mais collectivement. Jésus profita de chaque opportunité à former ses disciples qui guideraient son église par la suite :

LUC 9.18-20 *« Un jour, Jésus priait à l'écart, et ses disciples étaient avec lui. Alors il les interrogea : Que disent les foules à mon sujet ? Qui suis-je d'après elles ? Ils lui répondirent : Pour les uns, tu es Jean-Baptiste ; pour d'autres, Elie ; pour d'autres encore, l'un des prophètes d'autrefois qui serait ressuscité.*

Et vous, leur demanda-t-il alors, qui dites-vous que je suis ? Pierre prit la parole et dit : Le Messie, envoyé par Dieu ! »

La vie de prière exemplaire de Jésus eut beaucoup d'impact sur ses disciples qui cherchèrent une vie de prière aussi disciplinée que celle de leur Maître. En voyant le dévouement et la cohérence de Jésus, ils voulurent devenir comme lui, lui demandant donc de leur enseigner la prière. C'est à cette occasion que Jésus présenta la prière du « Notre Père ».

> Luc 11.1-4 « *Un jour, Jésus priait en un certain lieu. Quand il eut fini, l'un de ses disciples lui demanda : Seigneur, apprends-nous à prier, comme Jean l'a appris à ses disciples.*
>
> *Il leur répondit : Quand vous priez, dites : Père, que tu sois reconnu pour Dieu, que ton règne vienne. Donne-nous, chaque jour, le pain dont nous avons besoin. Pardonne-nous nos péchés, car nous pardonnons nous-mêmes à ceux qui ont des torts envers nous. Et garde-nous de céder à la tentation.* »

Les rabbins utilisaient la prière afin de préparer et de développer les vies spirituelles de leurs disciples ; Jésus donna à ses disciples le modèle de la prière afin de les attirer vers le Père.

> Cette prière peut servir de modèle pour vos prières. Nous devrions chanter les louanges de Dieu, prier pour son travail dans le monde, prier pour nos besoins quotidiens et prier pour son aide dans nos conflits de tous les jours. La phrase « Notre Père qui est aux cieux » indique que Dieu est non seulement majestueux et saint mais également personnel et aimant. La première ligne de cette prière modèle est une déclaration de louange et de dévouement afin d'honorer le nom sacré de Dieu. [1]

Les disciples apprirent la leçon de modèle de la prière particulièrement bien, reconnaissant d'abord la grandeur du Dieu saint et tout puissant. Même dans les moments les plus critiques, sous le joug des menaces et des persécutions, l'église n'oublia pas de commencer par la prière et de louer le Dieu de toute création.

> Actes 4.24 *« Après les avoir écoutés, tous, unanimes, se mirent à prier Dieu, disant : Maître, c'est toi qui as créé le ciel, la terre, la mer et tout ce qui s'y trouve. »*

Une autre fois, un parent inquiet amena son fils aux disciples afin qu'il soit guéri. Jésus n'était pas présent à ce moment-là et les disciples essayèrent de le guérir mais en vain. Lorsque Jésus arriva, le père du jeune homme lui dit :

> Matthieu 17.15-21 *« Seigneur, aie pitié de mon fils : il est épileptique et il souffre beaucoup : il lui arrive souvent de tomber dans le feu ou dans l'eau. Je l'ai bien amené à tes disciples, mais ils n'ont pas réussi à le guérir.*
>
> *Jésus s'exclama alors : Vous êtes un peuple incrédule et infidèle à Dieu ! Jusqu'à quand devrai-je encore rester avec vous ? Jusqu'à quand devrai-je encore vous supporter ? Amenez-moi l'enfant ici. » Jésus commanda avec sévérité au démon de sortir et, immédiatement, celui-ci sortit de l'enfant, qui fut guéri à l'heure même.*
>
> *Alors, les disciples prirent Jésus à part et le questionnèrent : Pourquoi n'avons-nous pas réussi, nous, à chasser ce démon ?*
>
> *Parce que vous n'avez que peu de foi, leur répondit-il. Vraiment, je vous l'assure, si vous aviez de la foi, même si elle n'était pas plus grosse qu'une graine de moutarde, vous pourriez commander à cette montagne : Déplace-toi d'ici jusque là-bas, et elle le ferait. Rien ne vous serait impossible. »*

Jésus profita de l'occasion pour renforcer auprès de ses disciples la notion essentielle de la prière et du jeûne dans leurs vies afin qu'ils puissent faire face aux situations difficiles comme celle de ce garçon possédé par un démon. Les apôtres avaient besoin de mettre en pratique tous les enseignements du Maître ainsi qu'auprès de l'église primitive. Au fur et à mesure de l'expansion de l'église ils rencontrèrent de nombreux obstacles, comme des plaintes ou récriminations à propos du manque d'attention envers les veuves et les orphelins. Ce cas dans la nouvelle communauté de la foi fut présenté aux apôtres afin de trouver une solution à ce problème.

Après cette consultation, les apôtres décidèrent de confier la responsabilité de la distribution de nourriture aux veuves à un groupe d'hommes remplis du Saint-Esprit afin qu'ils soient libres de se dévouer à la tâche plus importante de guider l'église : Actes 6.4 *« Cela nous permettra de nous consacrer à la prière et au service de l'enseignement »*. Les disciples avaient appris du Maître qu'afin de remplir la mission du royaume, une vie consacrée et dévouée à la prière et à la proclamation de la bonne nouvelle du royaume était nécessaire.

L'apôtre Paul était un homme de prière et de jeûne qui exhorta l'église à suivre cette discipline spirituelle.

> Philippiens 4.6 *« Ne vous mettez en souci pour rien, mais, en toute chose, exposez vos besoins à Dieu. Adressez-lui vos prières et vos requêtes, en lui disant aussi votre reconnaissance. »*
>
> 2 Corinthiens 6.4-5 *« Et voici comment nous nous recommandons nous-mêmes en toutes choses comme serviteurs de Dieu : c'est en vivant avec une persévérance sans faille dans les détresses, les privations, les angoisses, dans les coups, les prisons, les émeutes, dans les fatigues, les veilles, les jeûnes. »*

PRIÈRE ET JEÛNE

Dieu a utilisé les hommes et les femmes d'une façon très spéciale afin d'inciter la renaissance de grands ouvrages. Une des caractéristiques de leurs vies fut la discipline spirituelle de prière et de jeûne. Ils prêchaient et dépendaient d'une vie de prière et de jeûne tout en accomplissant la mission. Ces hommes et ces femmes ont laissé leur marque sur l'Église grâce à l'impact qu'ils ont eu sur les gens de leurs temps tel que Charles G. Finney :

> Après avoir été ordonné en 1824, il tint ses premières assemblées régulières dans un endroit de la ville de New York, où il prêcha pendant plusieurs semaines mais sans résultats. Finney passa le jour suivant à jeûner et prier et cette nuit-là, il fut pris d'un sentiment inédit d'onction et de puissance. ... Tout au long de la nuit les gens désirant la prière le recherchèrent afin qu'il puisse prier avec eux, même les athées les plus endurcis se repentirent et furent sauvés. [2]

Un autre homme de Dieu fut un écossais du nom de Duncan Campbell qui fut grandement utilisé par Dieu afin de lancer un réveil dans les Hébrides qu'il entreprit en 1949 et qui continua bien des années après :

> Duncan fit face à une opposition sévère lorsqu'il commença son ministère dans l'une des îles écossaises. Une nuit, alors qu'il marchait le long des chemins, il se mit à prier et à demander de l'aide à Dieu. Trois jeunes gens avaient reçu la charge de prier, ce qu'ils firent toute la nuit dans leurs foyers tandis que Duncan fit de même dans une étable. Le lendemain après-midi, la puissance de Dieu se fit sentir lors de leurs assemblées. Les participants furent tellement dominés par la conviction du Saint-Esprit qu'ils suppliaient et plaidaient misericorde. [3]

John Wesley laissa un héritage de vie de prière et de jeûne. Wesley pratiquait non seulement la discipline de prière et de jeûne mais il désirait également que tous ses ministres fassent de même, au point qu'il leur demandait : « avez-vous jeûné et prié ces derniers jours ? Rendez-vous au trône de la grâce et persévérez-y, la miséricorde viendra bientôt ». [4]

Un pieux pasteur de l'Église d'Écosse, Robert Murray McCheyne, dit : « Il est généralement préférable de passer une heure tout seul avec Dieu avant de commencer quoi que ce soit d'autre. Je devrais passer les meilleures heures de la journée en communion avec Dieu ». [5]

QUESTIONS SUSCITANT LA RÉFLEXION :

1. Quel impact ce chapitre a-t-il eu sur vous par rapport à la vie de prière et de jeûne de Jésus dans l'accomplissement de la mission ?
2. Comment est-ce que les enseignements de Jésus à propos de la prière et du jeûne vous ont-il aidés ?
3. Quels autres passages bibliques auriez-vous utilisés pour ce chapitre ?
4. Comment est-ce que les enseignements et pratiques des apôtres et des serviteurs de Dieu vous ont-ils impactés à propos de la prière et du jeûne ?
5. Répondez à cette question sur une échelle de 1 à 10, 10 étant la note la plus élevée : Combien de temps passez-vous à la discipline spirituelle de la prière et du jeûne ?

NÉHÉMIE 1.4-6 *« Lorsque j'entendis ces nouvelles, je m'assis et me mis à pleurer. Pendant plusieurs jours, je restai abattu. Je jeûnai et je priai constamment devant le Dieu du ciel. Je suppliai : Ah ! Éternel, Dieu du ciel, Dieu grand et re-*

doutable, toi qui restes fidèle à ton alliance et qui conserves ta bienveillance à ceux qui t'aiment et qui obéissent à tes commandements, prête attention à la prière de ton serviteur ! Que tes yeux soient ouverts pour voir que je suis en prière devant toi en ce moment. »

6. Posez-vous la question : Comment puis-je avoir une vie de prière et de jeûne ?
7. Pour une réflexion plus poussée sur ce chapitre, prenez le temps si possible, de prier et d'étudier les Écritures que vous avez recueillies.

CHAPITRE 6

LE CHOIX DES APÔTRES

"

Vers cette même époque, Jésus se retira sur une colline pour prier. Il passa toute la nuit à prier Dieu. A l'aube, il appela ses disciples auprès de lui et choisit douze d'entre eux, qu'il nomma apôtres. (Luc 6.12-13)

"

Jésus appela et choisit un groupe d'hommes afin de l'accompagner dans l'accomplissement de la mission. Ces hommes venaient de différents milieux professionnels et socio-économiques. Les disciples n'étaient pas les plus équipés ou qualifiés mais Jésus vit leur grand potentiel pour la mission du royaume.

Les évangiles décrivent les personnalités et professions variées des disciples. Ce n'était pas une élite religieuse pourvue de titres académiques ou d'une préparation spécifique, ni venant d'un milieu économique privilégié. Plusieurs disciples étaient des marins endurcis dédiés à leur industrie de pêche et qui étaient habitués aux difficultés des sorties nocturnes en mer de Galilée.

> MATTHIEU 4.18-22 *« Un jour qu'il marchait au bord du lac de Galilée, il vit deux frères : Simon (qu'on appelle aussi Pierre), et André, son frère, qui lançaient un filet dans le lac, car ils étaient pêcheurs. Il leur dit : Suivez-moi et je ferai de vous des pêcheurs d'hommes. Ils abandonnèrent aussitôt leurs filets et le suivirent.*
>
> *Poursuivant son chemin, il vit deux autres frères : Jacques, fils de Zébédée, et Jean, son frère. Ils étaient dans leur barque avec Zébédée, leur père, et ils réparaient leurs filets. Il les appela et, aussitôt, ils laissèrent leur barque, quittèrent leur père, et le suivirent. »*

Un des disciples venait d'un milieu n'ayant pas bonne réputation auprès des Juifs : LUC 5.27-28 *« Après cela, Jésus s'en alla et vit, en passant, un collecteur d'impôts nommé Lévi, installé à son poste de péage. Il l'appela en disant : Suis-moi ! Cet homme se leva, laissa tout et suivit Jésus »*. Cet homme servait les intérêts du gouvernement Romain et percevait les impôts des citoyens juifs afin de financer les plaisirs et l'idolâtrie de l'empire.

Jésus passa les trois années suivantes de son ministère à préparer ce groupe d'hommes afin de l'aider à accomplir la mission. Bien qu'ils ne soient pas les plus qualifiés, Jésus savait qu'en investissant du temps et de l'énergie ils deviendraient les messagers de la bonne nouvelle du royaume.

Luc 9.1-6 « *Jésus réunit les Douze et leur donna le pouvoir et l'autorité de chasser tous les démons et de guérir les malades. Ensuite il les envoya proclamer le règne de Dieu et opérer des guérisons. Il leur donna les instructions suivantes : Ne prenez rien pour le voyage : ni bâton, ni sac, ni provisions, ni argent. N'emportez pas de tunique de rechange. Si on vous accueille dans une maison, restez-y jusqu'à ce que vous quittiez la localité. Si personne ne veut vous recevoir, quittez la ville en secouant la poussière de vos pieds : cela constituera un témoignage contre eux. Ainsi les disciples partirent. Ils allaient de village en village. Partout, ils annonçaient la bonne nouvelle et guérissaient les malades.* »

À cause de son humanité, Jésus ne pouvait se trouver à deux endroits au même moment et était conscient que son ministère ne serait que temporaire. La meilleure stratégie pour Jésus était d'établir et de faire avancer la mission de la façon la plus efficace en cultivant ses disciples dans l'accomplissement de la mission.

Jésus envoya ses disciples avec sa puissance et son autorité afin qu'ils puissent faire ce qu'il fit : prêcher la bonne nouvelle du royaume, chasser les démons et guérir les malades. Les pêcheurs, collecteurs d'impôts, activistes comme Judas le Zélote et les autres disciples seraient la voix, les pieds et mains du Maître. Il se multipliait en eux. Ils deviendraient des meneurs, communiquant les enseignements et les vérités du royaume aux villes et voisinages variés d'Israël. Jésus choisit ces hommes — qui n'étaient pas académiciens et n'avaient aucune référence religieuse — afin que la gloire ne soit pas pour eux mais pour lui-même, le Maître qui les envoya. Les disciples accomplirent pleinement la mission.

Ces hommes ordinaires de Galilée feraient valoir la mission de l'Église de Jésus-Christ. Ils seraient même reconnus par les dirigeants et autorités religieuses de Jérusalem.

> ACTES 4.13 « *Les membres du Grand-Conseil étaient étonnés de voir l'assurance de Pierre et de Jean, car ils se rendaient compte que c'étaient des gens simples et sans instruction ; ils les reconnaissaient pour avoir été avec Jésus.* »

Après tant de temps passé en compagnie de Jésus c'était clair pour tout le monde que le Maître s'était dupliqué en ses disciples. Les disciples devinrent une force que nulle structure religieuse ou politique ne fut en mesure d'arrêter dans l'avancement de la mission du royaume. Jésus les avait préparés pour la mission. Ils étaient guidés par le pouvoir du Saint-Esprit et renforcèrent les enseignements fondamentaux de l'église.

> ACTES 2.41-42 « *Ceux qui acceptèrent les paroles de Pierre se firent baptiser et, ce jour-là, environ trois mille personnes furent ajoutées au nombre des croyants. Dès lors, ils s'attachaient à écouter assidûment l'enseignement des apôtres, à vivre en communion les uns avec les autres, à rompre le pain[a] et à prier ensemble.* »

Avant que Jésus ne choisisse ses apôtres, ces derniers n'avaient peu ou pas de préparation théologique ou administrative ; maintenant ils menaient et dirigeaient le mouvement d'une nouvelle foi Chrétienne et s'occupaient des affaires essentielles de l'Église. Le Maître les avait formés avec les valeurs et principes du royaume afin de faire avancer la mission de l'église.

Un vif débat éclata dans l'église à propos de la façon dont les enseignements s'appliqueraient aux convertis de cette nouvelle foi, le christianisme, surtout ceux n'ayant aucune expérience de la religion juive. Accompagnés de la sagesse et de l'aide de l'Esprit, les apôtres délibérèrent et parvinrent à un consensus sur l'adaptation des préceptes du Judaïsme à la nouvelle foi en Jésus-Christ. Ils envoyèrent leur résolution aux églises afin que toutes soient structurées sur le même modèle et n'imposent pas d'autres éléments du Judaïsme.

> ACTES 15.22-23 « *Alors les apôtres et les responsables, avec toute l'Église, décidèrent de choisir parmi eux quelques délégués et de les envoyer à Antioche avec Paul et Barnabas. Ils choisirent donc Jude, surnommé Barsabbas, et Silas. Tous deux jouissaient d'une grande estime parmi les frères. Voici la lettre qu'ils leur remirent.* »

Cette nouvelle foi chrétienne est devenue le mouvement religieux le plus influent de toute l'histoire de l'humanité. Les disciples, des hommes ordinaires, atteignirent leur objectif et firent de très grandes choses sous l'autorité du Maître, Jésus- Christ et de la puissance de l'Esprit.

L'apôtre Paul appliqua les mêmes principes de discipulat. Il savait que la stratégie la plus efficace du Maître était de former ses disciples dans l'établissement et l'avancement du royaume de Dieu. Paul sélectionna un groupe d'hommes et de femmes en lequel il s'investit, assurant ainsi l'expansion de la mission de l'église. Il conseilla spécifiquement à Timothée de se dévouer à la formation d'autres personnes afin d'accomplir la mission de l'église.

> 2 TIMOTHÉE 2.1-2 « *Toi donc, mon enfant, puise tes forces dans la grâce qui nous est accordée dans l'union avec Jésus-Christ. Et l'enseignement que tu as reçu de moi et que de nombreux témoins ont confirmé[a], transmets-le à des*

> *personnes dignes de confiance qui seront capables à leur tour d'en instruire d'autres. »*

À travers l'histoire chrétienne des mouvements sont apparus, guidés par des hommes et des femmes ayant eu un réel impact sur leurs communautés et le monde, de par l'utilisation des principes de formation et de multiplication des disciples. John Wesley réalisa l'importance du principe de discipulat de Jésus et d'investir du temps à la formation. Il prit donc le temps d'établir un groupe de gens qui l'aiderait à faire avancer un nouveau mouvement qui deviendrait par la suite l'église méthodiste.

Le plan du Maître est encore utilisé comme une stratégie biblique de l'évangélisation et de discipulat. Ce programme suit les étapes que Jésus, Paul, Timothée, Wesley et d'autres ont utilisé afin de former des leaders dans l'accomplissement de la mission. « Le but du *Plan du Maître* est d'influencer la communauté grâce à l'évangile de Jésus-Christ, consolidant ainsi les nouveaux-venus dans leur croyance afin qu'ils restent fidèles et obéissants au Seigneur et qu'ils soient formés afin d'être envoyés en tant que disciples de Jésus à l'image de Christ. »[1]

> Le discipulat est le voyage d'une vie dans l'obéissance du Christ qui transforme les valeurs et comportements d'une personne, produisant ainsi un ministère au foyer, à l'église et dans le monde. C'est un processus d'enseignement des nouveaux citoyens du royaume de Dieu sur la façon d'aimer, d'avoir confiance et d'obéir à Dieu, par lequel on leur apprend à trouver et former d'autres personnes à faire de même.[2]

QUESTIONS SUSCITANT LA RÉFLEXION

1. Quel impact ce chapitre a-t-il eu sur vous par rapport à Jésus choisissant des disciples afin de l'aider dans l'accomplissement de la mission ?
2. Comment est-ce que les enseignements de Jésus sur le discipulat vous ont-ils aidés ?
3. Quels autres passages bibliques auriez-vous utilisés pour ce chapitre ?
4. Quel impact les préceptes et pratiques des apôtres et des autres serviteurs de Dieu a-t-il eu sur vous par rapport au discipulat ?
5. Répondez à cette question sur une échelle de 1 à 10, 10 étant la note la plus élevée : Pratiquez-vous les principes de discipulat avec vos leaders ?

> 1 ROIS 19.19-20A « *Elie partit de là et rencontra Elisée, fils de Chaphath, qui était en train de labourer un champ avec douze paires de bœufs. Lui-même conduisait le douzième attelage. Elie s'approcha de lui et jeta son manteau sur lui. Elisée abandonna ses bœufs, courut derrière Elie et dit : Je vais aller embrasser mon père et ma mère pour prendre congé d'eux, puis je te suivrai. Elie lui répondit : Va et reviens à cause de ce que je t'ai fait.* »

6. Que devrais-je faire afin de pratiquer le ministère de constitution de disciples à l'image de Christ ?
7. Pour une réflexion plus poussée sur ce chapitre, prenez le temps si possible, de prier et d'étudier les Écritures que vous avez recueillies.

CHAPITRE 7

PRÉDICATION ET LE MOUVEMENT DU ROYAUME DE DIEU

"

Et Jésus leur répondit : Retournez auprès de Jean et racontez-lui ce que vous entendez et ce que vous voyez : les aveugles voient, les paralysés marchent normalement, les lépreux sont guéris, les sourds entendent, les morts ressuscitent, la bonne nouvelle est annoncée aux pauvres. (Matthieu 11.4-5)

"

Jésus vint prêcher et enseigner les vérités éternelles du royaume de Dieu. Les foules le suivirent afin d'entendre ces nouveaux préceptes de la révélation de Dieu à travers son Fils. Ils étaient avides et impatients d'entendre Jésus. Le prophète de Galilée leur parla avec autorité du *Ciel* à propos du *Ciel*.

L'annonce de la prédication du royaume fut faite par Jean-Baptiste en prévision du ministère du Messie.

> Jean vint prêcher la contrition car le règne des Cieux approchait (Matthieu 3.2). Être Israélite n'assurerait pas l'entrée dans le royaume. De plus, certains actes essentiels devraient accompagner le repentir (Luc 3.8). Le jugement approchait, la hache était sur le point d'attaquer les arbres à la racine (Luc 3.9). Malgré l'apparente similitude entre ce message et celui que Jésus présenterait un peu plus tard, Jean imaginait encore un royaume politique et terrestre. Quand il ne vit point de preuves de ce royaume, Jean envoya des messagers afin d'en parler à Jésus (Matthieu 11.2). Jésus leur déclara alors que la présence du royaume de Dieu pouvait se vérifier dans la guérison des malades, la résurrection des morts et dans la prédication de l'évangile aux pauvres (Matthieu 11.4). La nature du royaume que Jésus amena n'était pas politique, littéraire ou terrestre mais se trouvait dans les actes pointant vers une restauration complète.[1]

Les enseignements de Jésus à propos du royaume de Dieu étaient contraires à ceux des dirigeants religieux de l'époque. Ils différaient également de l'idée populaire et politique de la restauration d'un royaume davidique s'accompagnant d'une manifestation de libération politique libérée de tout, impôts et influence de puissances étrangères.

> Entre les deux testaments (l'Ancien et le Nouveau) émergea un messianisme proclamant la restauration du règne d'Israël. Cet espoir renouvelé prit diverses formes mais la plus acceptée était celle du livre pseudépigraphe le *Cantique des Cantiques* : le fils de David, le Messie, vaincrait les ennemis païens. En tant que souverain d'Israël, il serait le capitaine des forces dominant toutes

autres nations ; ces dernières élèveraient Jérusalem pour la gloire du Seigneur. En d'autres termes, le concept énoncé est celui d'un règne politique de justice dans lequel le Messie et Israël sont à la tête du monde entier. Les Zélotes du temps de Jésus avaient des espoirs messianiques similaires, la différence étant qu'ils désiraient établir un royaume au moyen d'une insurrection armée.[2]

Une nouvelle voix prophétique venait d'apparaitre au peuple d'Israël et les gens désiraient entendre ses préceptes. La foule qui suivait et écoutait Jésus était principalement composée de pauvres et de ceux marginalisés par la société et la religiosité du statu quo. Ce prophète de Galilée s'identifiait à ses auditeurs à cause de son origine. Lorsque Nathanaël, devenant plus tard l'un de ses disciples, apprit du milieu d'origine de Jésus et sa ville natale, il questionna l'identité messianique de Jésus.

> JEAN 1.45-46 *« Philippe, à son tour, alla voir Nathanaël et lui dit : Nous avons trouvé celui dont Moïse a parlé dans la Loi et que les prophètes ont annoncé : c'est Jésus, le fils de Joseph, de la ville de Nazareth.*
>
> *De Nazareth ? répondit Nathanaël. Que peut-il venir de bon de Nazareth ? Viens et vois toi-même ! répondit Philippe. »*

Galilée, coupée du reste du pays, n'a jamais fait partie intégrante de la « Terre Promise ». Mais c'était tout de même la région ayant procuré un foyer à Jésus et ses premiers disciples et d'où partit sa première campagne missionnaire. Avant la Passion, la majorité des histoires évangéliques se situaient à proximité de la mer de Galilée.[3]

Jésus établit une relation préférentielle avec les pauvres car il était l'un d'eux. Sa prédication du royaume ne dépendait pas seulement de son incarnation humaine mais également du contexte culturel. « Il parlait avec un accent galiléen ; son éducation formelle était limitée et son métier était la menuiserie. » Le théologien et missiologue Orlando E. Costas laissa un héritage dans son ouvrage classique '*Dieu, en dehors du portique*', en présentant Jésus dans un contexte socio-historique afin d'amener une réflexion sur la mission de l'église. L'un des enseignements et proclamations de Jésus à propos du royaume serait marqué d'une série de béatitudes pour ceux vivant sous le règne universel du Messie.

> MATTHIEU 5.1-12 « *Jésus, voyant ces foules, monta sur une colline. Il s'assit, ses disciples se rassemblèrent autour de lui et il se mit à les enseigner. Il leur dit :*
>
> *Heureux ceux qui se reconnaissent spirituellement pauvres, car le royaume des cieux leur appartient.*
>
> *Heureux ceux qui pleurent, car Dieu les consolera.*
>
> *Heureux ceux qui sont humbles, car Dieu leur donnera la terre en héritage.*
>
> *Heureux ceux qui ont faim et soif de justice, car ils seront rassasiés.*
>
> *Heureux ceux qui témoignent de la bonté, car Dieu sera bon pour eux.*
>
> *Heureux ceux dont le cœur est pur, car ils verront Dieu.*
>
> *Heureux ceux qui répandent autour d'eux la paix, car Dieu les reconnaîtra pour ses fils.*
>
> *Heureux ceux qui sont opprimés pour la justice, car le royaume des cieux leur appartient.*

PRÉDICATION ET LE MOUVEMENT DU ROYAUME DE DIEU

> *Heureux serez-vous quand les hommes vous insulteront et vous persécuteront, lorsqu'ils répandront toutes sortes de calomnies sur votre compte à cause de moi. Oui, réjouissez-vous alors et soyez heureux, car une magnifique récompense vous attend dans les cieux. Car vous serez ainsi comme les prophètes d'autrefois : eux aussi ont été persécutés avant vous de la même manière. »*

Jésus établit les valeurs essentielles du royaume de Dieu et la façon dont ceux qui entrent volontairement dans la citoyenneté du royaume de Dieu devraient vivre. Ce royaume ne serait pas comme les royaumes des rois et dirigeants terrestres. Les enseignements de Jésus à propos du royaume ne se baseraient pas que sur les principes et valeurs gouvernant ce nouveau royaume et les caractéristiques de ses citoyens. Ils seraient également accompagnés par des manifestations concrètes restaurant la santé physique et libérant l'oppression démoniaque.

> MATTHIEU 15.29-31 *« Jésus partit de cette région et retourna au bord du lac de Galilée. Il monta sur une colline où il s'assit. Des foules nombreuses vinrent auprès de lui et, avec elles, des paralysés, des aveugles, des sourds-muets, des estropiés et beaucoup d'autres malades. On les amena aux pieds de Jésus, et il les guérit. La foule s'émerveillait de voir les sourds-muets parler, les estropiés reprendre l'usage de leurs membres, les paralysés marcher, les aveugles retrouver la vue, et tous se mirent à chanter la gloire du Dieu d'Israël. »*

Les foules suivaient Jésus mais il ne s'attendait pas à ce que le peuple ne *vienne* qu'à lui. Il *allait* lui-même dans les villes et villages afin d'accomplir la mission du royaume de Dieu. Il recherchait des occasions de partir.

MATTHIEU 4.23-24 « *Jésus faisait le tour de toute la Galilée, il enseignait dans les synagogues, proclamait la bonne nouvelle du règne des cieux et guérissait ceux qu'il rencontrait de toutes leurs maladies et de toutes leurs infirmités. Bientôt, on entendit parler de lui dans toute la Syrie. On lui amena tous ceux qui étaient atteints de diverses maladies et souffraient de divers maux : ceux qui étaient sous l'emprise de démons ainsi que des épileptiques et des paralysés, et il les guérit tous.* »

Le jour de la pentecôte, l'apôtre Pierre prêcha la venue du Messie, le Seigneur et Souverain du royaume de Dieu :

ACTES 2.29-30 « *Mes frères, permettez-moi de vous parler franchement : le patriarche David est bel et bien mort et enterré. Son tombeau existe encore près d'ici aujourd'hui. Mais il était prophète et il savait que Dieu lui avait promis, sous la foi du serment, de faire asseoir sur son trône un de ses descendants.* »

Les apôtres, Pierre et Jean, prêchèrent que le royaume universel du Messie offrait à ses citoyens le pardon des péchés et le salut éternel. Le Souverain leur donnerait également l'autorité et le pouvoir de soigner les malades. Lorsque Pierre et Jean vinrent au temple à l'heure habituelle de la prière, ils trouvèrent un homme boiteux de naissance. Ils mirent en pratique l'autorité du Souverain afin de le guérir :

ACTES 3.4-8 « *Les deux apôtres fixèrent les yeux sur lui. Regarde-nous ! lui dit Pierre. L'infirme les regarda attentivement : il pensait qu'il allait recevoir d'eux quelque chose. Mais Pierre lui dit : Je n'ai ni argent ni or, mais ce que j'ai je te le donne : au nom de Jésus-Christ du Nazaréen, lève-toi et marche ! Et, en même temps, il le prit par la main droite et le fit lever. Aussitôt, ses pieds et ses chevilles se*

> *raffermirent, d'un saut il fut debout et se mit à marcher. Il entra avec eux dans la cour du Temple : il marchait, il sautait de joie et louait Dieu. »*

Les disciples de Jésus suivirent les enseignements de la bonne nouvelle du royaume et le pouvoir de guérison avec autorité ainsi que la capacité de libérer ceux oppressés par le diable. Les manifestations du royaume étaient visibles à ceux écoutant et adoptant la foi nouvelle en Jésus-Christ :

> ACTES 8.4-8 « *Les croyants qui s'étaient dispersés parcouraient le pays, en proclamant le message de la bonne nouvelle. Philippe se rendit dans la capitale de la Samarie et prêcha le Christ à la population. Elle se montra tout entière très attentive à ses paroles en l'entendant et en voyant les signes miraculeux qu'il accomplissait. En effet, beaucoup de personnes qui avaient des démons en elles en furent délivrées ; ils sortaient d'elles en poussant de grands cris, et de nombreux paralysés et des infirmes furent guéris. Aussi, toute la ville était-elle dans une grande joie. »*

Paul et Barnabas, appelés par le Saint-Esprit et envoyés par l'église d'Antioche, entreprirent leur premier voyage missionnaire afin de prêcher l'évangile de Jésus-Christ. Lorsqu'ils arrivèrent à la ville de Lystre, les besoins en matière de santé étaient flagrants.

> ACTES 14.7-10 « *Là aussi, ils annoncèrent l'Evangile. A Lystre se trouvait un homme paralysé des pieds : infirme de naissance, il n'avait jamais pu marcher. Il écoutait les paroles de Paul. L'apôtre fixa les yeux sur lui et, voyant qu'il avait la foi pour être sauvé, il lui commanda d'une voix forte : Lève-toi et tiens-toi droit sur tes pieds ! D'un bond, il fut debout et se mit à marcher. »*

Durant son deuxième voyage missionnaire, Paul arriva dans la ville de Philippe où il proclama l'évangile de Jésus- Christ. Le livre des Actes relate que Paul parla à un groupe de femmes le jour de Sabbat dans cette ville. Après cette conversation, une femme de Dieu nommée Lydia fut convertie. Paul eut également à faire face à une diseuse de bonne aventure de la région.

> ACTES 16.16-18 *« Un jour que nous nous rendions au lieu de prière, une esclave vint à notre rencontre. Elle avait en elle un esprit de divination, et ses prédictions procuraient de grands revenus à ses maîtres. Elle se mit à nous suivre, Paul et nous, en criant à tue-tête : Ces hommes-là sont des serviteurs du Dieu très-haut : ils viennent vous annoncer comment être sauvés ! Elle fit cela plusieurs jours de suite. A la fin, Paul, excédé, se retourna et dit à l'esprit : Je t'ordonne, au nom de Jésus-Christ, de sortir de cette femme ! A l'instant même, il la quitta. »*

L'apôtre Paul était certain que prêcher le royaume s'accompagnait de la puissance du Saint-Esprit et de l'autorité que Jésus-Christ avait données à son église :

> ÉPHÉSIENS 1.19-23 *« et quelle est l'extraordinaire grandeur de la puissance qu'il met en œuvre en notre faveur, à nous qui plaçons notre confiance en lui. Cette puissance, en effet, il l'a déployée dans toute sa force en la faisant agir dans le Christ lorsqu'il l'a ressuscité d'entre les morts et l'a fait siéger à sa droite, dans le monde céleste. Là, le Christ est placé bien au-dessus de toute Autorité, de toute Puissance, de toute Domination et de toute Souveraineté : au-dessus de tout nom qui puisse être cité, non seulement dans le monde présent, mais aussi dans le monde à venir. Dieu a tout placé sous ses pieds, et ce Christ qui domine toutes choses, il l'a donné pour chef à l'Église qui est son*

> *corps, lui en qui habite la plénitude du Dieu qui remplit tout en tous. »*

Dieu a appelé certains hommes et femmes, à travers l'histoire de l'église, dans le but de proclamer la bonne nouvelle du royaume de Dieu pour le salut des âmes par les mérites du sacrifice de Jésus-Christ. RÉVÉLATION 1.5 *« et de la part de Jésus-Christ, le témoin digne de foi, le premier-né d'entre les morts et le souverain des rois de la terre. Il nous aime, il nous a délivrés de nos péchés par son sacrifice. »* L'Histoire est témoin du fait que Dieu ait utilisé ses serviteurs avec puissance et autorité afin de démontrer les ouvrages du royaume comme la guérison, les miracles et libérer les gens du peuple des griffes de Satan.

> La mesure spirituelle des meneurs Chrétiens peut être calculée dans l'ampleur du Saint-Esprit et la promulgation de sa puissance. L'oraison, l'importance de prêcher le sermon et d'utiliser un lexique adéquat est déjà efficace, mais tout de même pas assez. Le contenu, l'orthodoxie et une vérité biblique solide sont essentiels, mais pas assez. La personnalité, l'éloquence de la parole et de l'action sont importants mais insuffisants. Le pouvoir de Dieu doit influencer tout cela. … Le royaume devrait être construit, amélioré et exprimé au niveau du divin donnant le pouvoir à l'être humain. Dieu doit être en mesure de travailler à travers nous. [4]

QUESTIONS SUSCITANT LA RÉFLEXION

1. Quel impact ce chapitre a-t-il eu sur vous à propos du mouvement de la mission et le l'activité de Jésus dans l'accomplissement de la mission ?
2. Comment est-ce que les enseignements de Jésus à propos des Béatitudes vous-ont-ils aidés ?

3. Quels autres passages bibliques auriez-vous utilisés pour ce chapitre ?
4. Comment avez-vous été inspirés par la proclamation de l'évangile des apôtres avec l'autorité et le pouvoir de prêcher, de soigner et de rejeter les démons ?
5. Répondez à la question sur une échelle de 1 à 10, 10 étant la note la plus élevée : À quelle fréquence priez-vous pour la guérison des malades ?

> 2 Rois 5.2-3 « *Or, au cours d'une incursion dans le territoire d'Israël, des troupes de pillards syriens avaient enlevé une petite fille. À présent, elle était au service de la femme de Naaman. Un jour, elle dit à sa maîtresse : Si seulement mon maître pouvait aller auprès du prophète qui habite à Samarie ! Cet homme le guérirait de sa lèpre.* »

6. Comment puis-je obtenir la conviction de prier pour que les malades et ceux souffrants de vices et de dépendances soient libérés ?
7. Pour une réflexion plus poussée sur ce chapitre, prenez le temps si possible, de prier et d'étudier les Écritures que vous avez recueillies.

CHAPITRE 8

VISION

"

Vous dites en ce moment : Encore quatre mois, et c'est la moisson ! N'est-ce pas ? Eh bien, moi je vous dis : Ouvrez vos yeux et regardez les champs ; déjà les épis sont blonds, prêts à être moissonnés. Celui qui les fauche reçoit maintenant son salaire et récolte une moisson pour la vie éternelle, si bien que semeur et moissonneur partagent la même joie. Ici se vérifie le proverbe : « Autre est celui qui sème, autre celui qui moissonne. » Je vous ai envoyés récolter une moisson qui ne vous a coûté aucune peine. D'autres ont travaillé, et vous avez recueilli le fruit de leur labeur. (Jean 4.35-38)

"

L'évangile de Jean décrit la rencontre entre Jésus et la samaritaine. Ce passage montre combien Jésus utilisait chaque opportunité de prêcher et de prodiguer des soins, pas seulement aux foules mais aussi au niveau personnel. Il voyait les gens à travers les yeux du royaume pour l'accomplissement de la mission.

Durant le voyage avec ses disciples vers Jérusalem, les Juifs ne passaient généralement par la ville de Sichar en Samarie mais Jésus avait un plan allant à l'encontre de la route traditionnelle utilisée.

> Le récit de la conversation entre Jésus et la samaritaine présente certains éléments religieux et socio-culturels de la relation entre les Juifs et les Samaritains... « Je conclus en affirmant que le Nouveau Testament décrit les habitants de Samarie, une race mixte, le résultat d'une fusion entre les derniers Israélites et les païens que les Assyriens amenèrent dans la région après la chute d'Israël (722 avant Jésus Christ). »[1]

Le dialogue entre Jésus et la samaritaine est l'un des récits les plus fascinants des évangiles parce que Jésus brise plusieurs stéréotypes et traditions religieuses et socio-culturelles des Samaritains et des Juifs afin d'évangéliser la femme. Une conversation entre un juif et une samaritaine était culturellement inacceptable. Jésus alla à l'encontre du protocole rabbinique afin de présenter la bonne nouvelle du royaume à une femme marginalisée par sa communauté de par son mode de vie et ses mariages répétés.

Lors de sa conversation avec la samaritaine, Jésus fit plusieurs déclarations, lui offrant une opportunité inédite de refaire sa vie. Jésus offre de l'eau vive à la femme JEAN 4.14 *« Mais celui qui boira de l'eau que je lui donnerai n'aura plus jamais soif. Bien plus : l'eau que je lui donnerai deviendra en lui une source intarissable qui jaillira jusque dans la vie éternelle. »* La samaritaine reçut le don de la vie éternelle du royaume et s'en retourna chez elle immédiatement afin de partager sa joie de la nouvelle vie que le Christ venait de lui donner. En entendant le récit de la femme les voisins partirent bien vite chercher Jésus afin de confirmer ses dires, vu qu'elle semblait avoir parlé avec le Messie.

> JEAN 4.39-42 *« Il y eut, dans cette bourgade, beaucoup de Samaritains qui crurent en Jésus grâce au témoignage qu'avait rendu cette femme en déclarant : « Il m'a dit tout ce que j'ai fait. » Lorsque les Samaritains furent venus auprès de Jésus, ils le prièrent de rester, et il passa deux jours chez eux. Ils furent encore bien plus nombreux à croire en lui à cause de ses paroles, et ils disaient à la femme : Nous croyons en lui, non seulement à cause de ce que tu nous as rapporté, mais parce que nous l'avons nous-mêmes entendu ; et nous savons qu'il est vraiment le Sauveur du monde. »*

Jésus accepta l'invitation de rester un peu plus longtemps dans cette ville que même les Juifs évitaient de traverser à cause des préjudices culturels et religieux de l'époque. Le Maître savait que l'invitation lui donnerait l'opportunité d'accomplir la mission de prédication de la bonne nouvelle du royaume à ceux qui attendaient la venue du Messie, alors même que ces derniers avaient des enseignements différents de l'endroit spécifique où célébrer le Dieu de l'Alliance de Père Abraham. « *Crois-moi, lui dit Jésus, l'heure vient où il ne sera plus question de cette montagne ni de Jérusalem pour adorer le Père.* »

Après avoir acheté à manger les disciples revinrent et Jésus les encouragea à élargir leur vision pour les gens du peuple vu qu'ils avaient démontré leur volonté de recevoir le message de la bonne nouvelle du royaume. Il leur rappela qu'accomplir la mission était plus important que de manger et qu'ils devraient utiliser pleinement chaque opportunité qui se présentait. Le peuple était prêt à recevoir les enseignements éternels du royaume au-delà de tout ce que les disciples avaient pu imaginer.

Jésus enseigna à ses disciples que, lors de la prédication du message du royaume, ils ne devraient pas exclure ni être injuste envers qui que ce soit de par leur race, leur culture ou leurs convictions religieuses. Jésus vit le potentiel et les attentes du peuple, bien loin de la façon dont la société les considérait. L'histoire du collecteur d'impôts Lévi, qui devint l'un de ses disciples, atteste de nouveau que Jésus voyait les gens à travers les yeux du royaume :

> Luc 5.27-32 « *Après cela, Jésus s'en alla et vit, en passant, un collecteur d'impôts nommé Lévi, installé à son poste de péage.*
>
> *Il l'appela en disant : Suis-moi ! Cet homme se leva, laissa tout et suivit Jésus. Lévi organisa, dans sa maison, une grande réception en l'honneur de Jésus. De nombreuses personnes étaient à table avec eux, et, parmi elles, des collecteurs d'impôts.*
>
> *Les pharisiens et les spécialistes de la Loi qui appartenaient à leur parti s'indignaient et interpellèrent les disciples de Jésus : Comment pouvez-vous manger et boire avec ces collecteurs d'impôts, ces pécheurs notoires ?*
>
> *Jésus leur répondit : Ceux qui sont en bonne santé n'ont pas besoin de médecin, ce sont les malades qui en ont besoin. Ce ne sont pas des justes, mais des pécheurs que je suis venu appeler à changer de vie.* »

Jésus, dans les évangiles, enseigne sa vision d'aimer et de voir les gens à travers les yeux du royaume de Dieu. Un royaume qui est universel bien qu'il commence avec le peuple d'Israël. Dans plusieurs récits des évangiles Jésus prodigua des soins à des individus n'étant pas juifs. Un jour, deux de ses disciples présentèrent Jésus à des grecs :

> JEAN 12.20-22 « *Parmi ceux qui étaient venus à Jérusalem pour adorer Dieu pendant la fête, il y avait aussi quelques personnes non-juives. Elles allèrent trouver Philippe qui était de Bethsaïda en Galilée et lui firent cette demande : Nous aimerions voir Jésus. Philippe alla le dire à André, puis tous deux allèrent ensemble le dire à Jésus.* »

À cause de sa forte appartenance à la religion juive, cela prit un peu de temps à l'apôtre Pierre, même après la Pentecôte, de reconnaître et d'appliquer les préceptes du Maître à propos de l'universalité de l'évangile. Ce ne fut que grâce à une expérience surnaturelle que Pierre comprit enfin l'importance de posséder la vision du Maître afin d'accomplir la mission. Pierre raconta son expérience chez Cornelius, un centurion Romain :

> ACTES 11.12-15 « *Alors l'Esprit me dit d'aller avec eux sans hésiter. Je pris donc avec moi les six frères que voici et nous nous sommes rendus chez cet homme. Celui-ci nous a raconté qu'un ange lui était apparu dans sa maison et lui avait dit :* « *Envoie quelqu'un à Jaffa pour faire venir chez toi Simon, surnommé Pierre. Il te dira comment toi et tous les tiens vous serez sauvés.* » *J'ai donc commencé à leur parler, quand l'Esprit Saint est descendu sur eux, de la même manière qu'il était descendu sur nous au commencement.* »

L'apôtre Paul avait reçu l'instruction du Christ ressuscité de prêcher le message de l'évangile à tout le monde et en particulier aux païens. ROMAINS 1.16 « *Car je suis fier de l'évangile : c'est la puis-*

sance de Dieu par laquelle il sauve tous ceux qui croient, les Juifs d'abord et aussi les non-Juifs. »

Paul avait une vision très claire du royaume : de diffuser l'évangile de Jésus-Christ en un maximum de lieux.

> ACTES 16.8-10 « *Ils traversèrent donc la Mysie et descendirent au port de Troas. Là, Paul eut une vision au cours de la nuit : un Macédonien se tenait devant lui et le suppliait : Viens en Macédoine et secours-nous ! A la suite de cette vision de Paul, nous[a] avons aussitôt cherché à nous rendre en Macédoine, car nous avions la certitude que Dieu lui-même nous appelait à y prêcher la bonne nouvelle.* »

Les héros de la foi qui ont eu un réel impact sur leur communauté et les pays et nations ont tous eu une vision claire du royaume pour l'accomplissement de la mission. Certains d'entre eux quittèrent leur pays d'origine afin d'aller porter la bonne nouvelle de Jésus-Christ en d'autres endroits. Leur motivation était une vision passionnée du salut éternel pour tous. D. L. Moody dit : « Quand je vois les milliers de jeunes gens en ligne le long du chemin de la mort, je me sens tomber aux pieds de Jésus en larmes et le prier d'aller les sauver ». John Wesley exhortait ses pasteurs en leur disant : « Nous ne vivons que pour cela : sauver nos propres âmes et celles de ceux qui nous entendent ».

> Il est nécessaire pour l'accomplissement de la mission que nous ayons, pasteurs et dirigeants, d'avoir une vision de la raison pour laquelle nous avons été appelés … une vision claire de ce que Dieu attend de nous. Les objectifs que nous nous donnons et tout ce que nous faisons doivent être faits dans l'idée d'obtenir les meilleurs résultats possibles.[2]

Chaque église a besoin d'un objectif (une vision), pas simplement n'importe lequel mais celui du royaume. Un objectif réel commence avec Dieu et atteint les gens que Dieu aime et avec qui il désire établir une relation.[3]

QUESTIONS SUSCITANT LA RÉFLEXION

1. Quel impact ce chapitre a-t-il eu sur vous par rapport à la vision de Jésus dans l'accomplissement de la mission ?
2. Les enseignements de Jésus sur la moisson étant prête vous-ont-il aidés ?
3. Quels autres passages bibliques auriez-vous utilisés pour ce chapitre ?
4. Comment avez-vous été inspirés par la passion et vision des apôtres dans l'accomplissement de la mission ?
5. Répondez à cette question sur une échelle de 1 à 10, 10 étant la note la plus élevée : Jusqu'où s'étend votre vision afin d'accomplir la mission ?

> HABACUC 2.2-3 *« L'Éternel répondit : « Ecris cette révélation, et grave-la sur les tablettes, écris-la clairement pour que chaque lecteur la lise couramment. Car c'est une révélation qui porte sur un temps fixé, qui parle de la fin et n'est pas mensongère. Si même il faut attendre que vienne l'Éternel, attends-le patiemment, car il vient sûrement, il ne tardera pas. »*

6. Comment puis-je avoir une vision claire de la mission de l'église ?
7. Pour une réflexion plus poussée sur ce chapitre, prenez le temps si possible, de prier et d'étudier les Écritures que vous avez recueillies.

CHAPITRE 9

FOI

"

Or, voilà qu'un vent très violent se mit à souffler. Les vagues se jetaient contre la barque, qui se remplissait d'eau. Lui, à l'arrière, dormait, la tête sur un coussin. Les disciples le réveillèrent et lui crièrent : Maître, nous sommes perdus, et tu ne t'en soucies pas ? Il se réveilla, parla sévèrement au vent et ordonna au lac : Silence ! Tais-toi ! Le vent tomba, et il se fit un grand calme. Puis il dit à ses disciples : Pourquoi avez-vous si peur ? Vous ne croyez pas encore ? Mais eux furent saisis d'une grande crainte ; ils se disaient les uns aux autres : Qui est donc cet homme pour que même le vent et le lac lui obéissent ?

(Marc 4.37-41)

"

La foi était un élément essentiel du ministère de Jésus dans l'accomplissement de la mission. Sa vie était fondée sur la croyance absolue qu'en faisant confiance au Père Tout-Puissant, tout était possible. ᴸᵁᶜ ¹⁸·²⁷ *« Jésus leur répondit : Ce qui est impossible aux hommes est possible à Dieu. »* La foi de Jésus prenait sa source dans le Créateur de l'univers. Le Dieu créateur des cieux, de la terre et de toute existence l'avait envoyé en mission et il était convaincu que Dieu le Père le soutenait.

La nature serait assujettie à Jésus comme étant l'auteur des états hébraïques : *« Et maintenant, dans ces jours qui sont les derniers, c'est par son Fils qu'il nous a parlé. Il a fait de lui l'héritier de toutes choses et c'est aussi par lui qu'il a créé l'univers. »* Jésus accomplit des miracles parce qu'il possédait la puissance du Saint-Esprit dans sa vie et une certitude absolue que le Père l'avait nommé héritier de toute création.

Jésus évolua dans le monde avec une foi surnaturelle afin de faire des miracles pour l'accomplissement de la mission, redonnant la vue aux aveugles, guérissant les lépreux, faisant marcher les boiteux, chassant les démons, nourrissant les foules, transformant l'eau en vin et ressuscitant les morts. Jésus accomplit tous ces miracles grâce à sa foi totale en Dieu le Père.

Mᴀᴛᴛʜɪᴇᴜ 14.25-31 *« Vers la fin de la nuit, Jésus se dirigea vers ses disciples en marchant sur les eaux du lac. Quand ils le virent marcher sur l'eau, ils furent pris de panique : C'est un fantôme, dirent-ils. Et ils se mirent à pousser des cris de frayeur.*

Mais Jésus leur parla aussitôt : Rassurez-vous, leur dit-il, c'est moi, n'ayez pas peur.

FOI

> *Alors Pierre lui dit : Si c'est bien toi, Seigneur, ordonne-moi de venir te rejoindre sur l'eau.*
>
> *Viens, lui dit Jésus. Aussitôt, Pierre descendit de la barque et se mit à marcher sur l'eau, en direction de Jésus.*
>
> *Mais quand il remarqua combien le vent soufflait fort, il prit peur et, comme il commençait à s'enfoncer, il s'écria : Au secours ! Seigneur !*
>
> *Immédiatement, Jésus lui tendit la main et le saisit. Ta foi est bien faible ! lui dit-il, pourquoi as-tu douté ? »*

Jésus voulait également que ses disciples pratiquent la foi et les exhortait constamment que d'avoir la foi était un fondement essentiel pour l'accomplissement de la mission. La crainte de Pierre le fit douter et il ne crut pas que le Maître contrôlait les eaux tumultueuses troublées par le vent. Le Maître accéda à la requête de Pierre de marcher sur l'eau, lui promettant de le soutenir et de ne pas le laisser se noyer.

Les apôtres apprenaient la leçon de la foi en observant la vie du Maître totalement gouvernée et dirigée par l'assurance et la confiance en Dieu le Père. Désirant avoir la foi comme le Maître, ils sollicitèrent Dieu :

LUC 17.5-6 *« Les apôtres dirent au Seigneur : Augmente notre foi. Si vraiment vous aviez la foi, leur répondit le Seigneur, même aussi petite qu'une graine de moutarde, vous pourriez commander à ce mûrier-là : « Arrache tes racines du sol et va te planter dans la mer » et il vous obéirait. »*

Jésus leur dit qu'ils devraient croire en lui en tant que fondement de leur foi : *« Vraiment, je vous l'assure : celui qui croit en moi accomplira lui-même les œuvres que je fais. Il en fera même de plus grandes parce que je vais auprès du Père.* »

La foi de Jésus était façonnée non seulement par les grands miracles qu'il accomplit mais également par sa vie quotidienne, ayant confiance que Dieu subviendrait à ses besoins les plus basiques dans l'accomplissement de la mission. Jésus enseigna à ses disciples la leçon élémentaire de la foi de compter sur la sustentation du Père par cette illustration.

> MATTHIEU 6.25-33 *« C'est pourquoi je vous dis : ne vous inquiétez pas en vous demandant : « Qu'allons-nous manger ou boire ? Avec quoi allons-nous nous habiller ? » La vie ne vaut-elle pas bien plus que la nourriture ? Et le corps ne vaut-il pas bien plus que les habits ? Voyez ces oiseaux qui volent dans les airs, ils ne sèment ni ne moissonnent, ils n'amassent pas de provisions dans des greniers, et votre Père céleste les nourrit. N'avez-vous pas bien plus de valeur qu'eux ? D'ailleurs, qui de vous peut, à force d'inquiétude, prolonger son existence, ne serait-ce que de quelques instants ? Quant aux vêtements, pourquoi vous inquiéter à leur sujet ? Observez les lis sauvages ! Ils poussent sans se fatiguer à tisser des vêtements. Pourtant, je vous l'assure, le roi Salomon lui-même, dans toute sa gloire, n'a jamais été aussi bien vêtu que l'un d'eux ! Si Dieu habille avec tant d'élégance la petite plante des champs qui est là aujourd'hui et qui demain sera jetée au feu, à plus forte raison ne vous vêtira-t-il pas vous-mêmes ? Ah, votre foi est encore bien petite ! Ne vous inquiétez donc pas et ne dites pas : « Que mangerons-nous ? » ou : « Que boirons-nous ? Avec quoi nous habillerons-nous ? » Toutes ces choses, les païens s'en préoccupent sans cesse. Mais votre Père, qui est aux cieux, sait que vous en avez besoin. Faites donc du règne de Dieu et*

de ce qui est juste à ses yeux votre préoccupation première, et toutes ces choses vous seront données en plus. »

Lorsque Jésus envoya les soixante-dix disciples prêcher l'évangile du royaume, ils furent assurés de trouver ce dont ils avaient besoin pour l'accomplissement de la mission.

> Luc 10.4-7 *« N'emportez ni bourse, ni sac de voyage, ni sandales, et ne vous attardez pas en chemin pour saluer les gens. Lorsque vous entrerez dans une maison, dites d'abord : « Que la paix soit sur cette maison. » Si un homme de paix y habite, votre paix reposera sur lui. Si ce n'est pas le cas, elle reviendra à vous. Restez dans cette maison-là, prenez la nourriture et la boisson que l'on vous donnera, car « l'ouvrier mérite son salaire ». Ne passez pas d'une maison à l'autre pour demander l'hospitalité. »*

L'église fut créée sur le fondement de la foi, essentielle à sa vie et sa doctrine. Actes 16.5 *« Et les Églises s'affermissaient dans la foi et voyaient augmenter chaque jour le nombre de leurs membres. »* La vie des disciples et de l'église serait établie par le biais de la foi en l'évangile de Jésus-Christ. Romains 1.17 *« En effet, cet évangile nous révèle en quoi consiste la justice que Dieu accorde : elle est reçue par la foi et rien que par la foi, comme il est dit dans l'Écriture : Le juste vivra par la foi. »*

Dans la salutation de sa dernière lettre aux Philippiens, l'apôtre Paul rappela aux frères d'avoir la foi en Dieu le Pourvoyeur.

> Philippiens 4.19-20 *« Aussi, mon Dieu subviendra pleinement à tous vos besoins ; il le fera, selon sa glorieuse richesse qui se manifeste en Jésus-Christ. À notre Dieu et Père soient la gloire dans tous les siècles ! Amen ! »*

Paul basa sa vie sur le principe de la foi et recommanda dans sa seconde lettre que l'église de Corinthe vive et avance par la foi.

> 2 Corinthiens 5.6-7 *« Nous sommes donc, en tout temps, pleins de courage, et nous savons que, tant que nous séjournons dans ce corps, nous demeurons loin du Seigneur car nous vivons guidés par la foi, non par la vue. »*

Dans l'Épître aux Hébreux, l'auteur commence par la définition de la foi afin d'annoncer les héros de la foi de l'Ancien Testament qui devraient servir d'inspiration aux chrétiens, afin qu'ils vivent en confiance absolue en l'auteur de la foi, Jésus-Christ.

> Hébreux 11.1-3 *« La foi est une façon de posséder ce qu'on espère, c'est un moyen d'être sûr des réalités qu'on ne voit pas. C'est parce qu'ils ont eu cette foi que les hommes des temps passés ont été approuvés par Dieu. Par la foi, nous comprenons que l'univers a été harmonieusement organisé par la parole de Dieu, et qu'ainsi le monde visible tire son origine de l'invisible. »*

> Hébreux 12.1-2 *« C'est pourquoi, nous aussi qui sommes entourés d'une telle foule de témoins, débarrassons-nous de tout fardeau, et du péché qui nous cerne si facilement de tous côtés, et courons avec endurance l'épreuve qui nous est proposée. Gardons les yeux fixés sur Jésus, qui nous a ouvert le chemin de la foi[b] et qui la porte à la perfection. Parce qu'il avait en vue la joie qui lui était réservée, il a enduré la mort sur la croix, en méprisant la honte attachée à un tel supplice, et désormais il siège à la droite du trône de Dieu. »*

À travers l'histoire de l'église, Dieu a soulevé une nouvelle nuée de héros de la foi qui mirent toute leur confiance en Jésus-

Christ sous la puissance et la direction de l'Esprit Saint. Les témoignages des tâches qu'ils ont accomplies, au nom du chef et consommateur de la foi, ont marqués la transformation de milliers et milliers d'hommes et de femmes sauvés par leur foi en Jésus-Christ. Des continents, pays, villes, quartiers et communautés ont été transformés par l'obéissance fidèle en ces hommes et femmes de la foi qui crurent en Dieu lors de leur accomplissement de la mission.

> Y a-t-il quoi que ce soit qui regroupe autant de mystère et d'utilité qu'une clé ? Le mystère : « Pourquoi est-il là ? Que peut-il faire bouger ? Qu'ouvrira-t-il ? Quelle nouvelle découverte pourrait-il promulguer ? L'utilité : « Elle *doit* ouvrir quelque chose, forcément, elle appartient à quelqu'un ! Elle doit *déchiffrer* quelque chose, avec son code de sécurité, et peut donner lieu à une possibilité qui sinon serait vide ! ». Les « clés » sont des concepts, des thèmes bibliques, qui peuvent être énumérés tout au long des Écritures et vérifiées lorsqu'elles sont appliquées avec une foi bien établie sous la Seigneurie de Jésus-Christ. » [1]

QUESTIONS SUSCITANT LA RÉFLEXION

1. Quel impact ce chapitre a-t-il eu sur vous par rapport à la foi de Jésus pour l'accomplissement de la mission ?
2. Comment est-ce que les enseignements de Jésus à ses disciples à propos de la foi vous ont-ils aidés ?
3. Quels autres passages bibliques auriez-vous utilisés pour ce chapitre ?
4. Avez-vous été inspires par la foi des apôtres dans l'accomplissement de la mission ? Si oui, comment ?

5. Répondez à cette question sur une échelle de 1 à 10, 10 étant la note la plus élevée : Jusqu'où va ma foi dans l'accomplissement de la mission ?

   2 Chroniques 20.19-20 *« Alors les lévites qehatites et qoréites se levèrent pour louer l'Éternel, le Dieu d'Israël, en chantant d'une voix très forte. Le lendemain matin, ils se levèrent tôt, et les hommes se mirent en route pour le désert de Teqoa. Au moment du départ, Josaphat leur adressa la parole : Ecoutez-moi, hommes de Juda et habitants de Jérusalem ! Faites confiance à l'Éternel votre Dieu, et vous serez invulnérables ! Faites confiance à ses prophètes, et vous aurez la victoire ! »*

6. Comment puis-je approfondir ma foi ?
7. Pour une réflexion plus poussée sur ce chapitre, prenez le temps si possible, de prier et d'étudier les Écritures que vous avez recueillies.

CHAPITRE 10

COMPASSION

"

Aussi, quand Jésus descendit de la barque, il vit une foule nombreuse. Il fut pris de pitié pour eux parce qu'ils étaient comme des brebis sans berger ; alors il se mit à enseigner longuement. Il se faisait déjà tard. Ses disciples s'approchèrent de lui et lui dirent : Cet endroit est désert, et il est déjà tard. Renvoie donc ces gens pour qu'ils aillent dans les hameaux et les villages des environs s'acheter de quoi manger. Mais Jésus leur répondit : Donnez-leur vous-mêmes à manger. Ils lui demandèrent : Faut-il que nous allions acheter pour deux cents pièces d'argent de pain, et que nous le leur donnions à manger ? (Marc 6.34-37)

"

Jésus avait un cœur plein de compassion pour les gens et pourvoir à leurs besoins était pour lui une priorité. Il était prêt à changer ses plans afin de s'occuper des foules qui le suivaient. Dans le contexte du passage ci-dessus, les disciples venaient de rentrer d'une tournée à prêcher le royaume de Dieu. Après avoir entendu le récit de leurs expériences, Jésus les invita à se reposer. À leur arrivée ils trouvèrent une foule immense prête à écouter les enseignements du Maître et ils durent donc retarder leur temps de repos, afin de répondre à la foule qui faisait tout pour entendre le message de Jésus.

Bien que ce passage ne le mentionne pas, il est probable que Jésus soigna les malades et libéra ceux possédés par des esprits impurs, ceci étant une activité quotidienne de sa mission. Les heures passaient et les gens étaient captivés par le ministère de Jésus ; le jour tombait. Les disciples assistèrent Jésus avec des détails de son ministère et, en cette occasion, ils eurent à rappeler au Maître qu'il était temps de congédier la foule.

Jésus était conscient que les gens de la foule avaient parcouru de grandes distances, venant d'endroits variés et qu'ils avaient passé beaucoup de temps à écouter les vérités éternelles du royaume, et à cause de cela, il fit en sorte que tous fussent ravitaillés avant de rentrer chez eux. Il demanda à ses disciples de nourrir la foule. Les disciples furent surpris d'une telle requête, leur étant impossible de se procurer autant de nourriture pour cette grande multitude de cinq mille hommes, sans compter les femmes et les enfants.

Les disciples qui répondirent à la commande de Jésus de « *Donnez-leur à manger* », trouvèrent cinq miches de pain et deux poissons qu'ils apportèrent au Maître. Ces provisions n'étaient évidemment pas suffisantes pour nourrir la multitude mais dans les mains du Maître, c'était plus qu'il n'était nécessaire pour satisfaire chacun. Après que tout le monde ait mangé, il y eut assez de restes pour remplir douze paniers.

COMPASSION

En cette occasion Jésus établit le principe que ses disciples devraient agir avec compassion lorsque répondant aux besoins des autres. Prêcher la bonne nouvelle du royaume serait associée avec le besoin de faire preuve de compassion envers les affamés et d'aide aux nécessiteux.

MATTHIEU 25.34-40 *« Après quoi, le roi dira à ceux qui seront à sa droite : « Venez, vous qui êtes bénis par mon Père : prenez possession du royaume qu'il a préparé pour vous depuis la création du monde. Car j'ai souffert de la faim, et vous m'avez donné à manger. J'ai eu soif, et vous m'avez donné à boire. J'étais un étranger, et vous m'avez accueilli chez vous. J'étais nu, et vous m'avez donné des vêtements. J'étais malade, et vous m'avez soigné. J'étais en prison, et vous êtes venus à moi. »*

Alors, les justes lui demanderont : « Mais, Seigneur, quand t'avons-nous vu avoir faim, et t'avons-nous donné à manger ? Ou avoir soif, et t'avons-nous donné à boire ? Ou étranger et t'avons-nous accueilli ? Ou nu, et t'avons-nous vêtu ? Ou malade ou prisonnier, et sommes-nous venus te rendre visite ? »

Et le roi leur répondra : « Vraiment, je vous l'assure : chaque fois que vous avez fait cela au moindre de mes frères que voici, c'est à moi-même que vous l'avez fait. »

Les disciples apprirent le principe de compassion dans l'accomplissement de la mission et établirent la compassion comme mode de vie de l'église primitive.

ACTES 2.44-45 *« Tous les croyants vivaient unis entre eux et partageaient tout ce qu'ils possédaient. Ils vendaient leurs propriétés et leurs biens et répartissaient l'argent entre tous, selon les besoins de chacun. »*

L'apôtre Paul visita l'église d'Éphèse afin de pratiquer un nouveau mode de vie de Jésus-Christ en étant généreux avec les nécessiteux. ÉPHÉSIENS 4.28 « *Que le voleur cesse de dérober ; qu'il se donne plutôt de la peine et travaille honnêtement de ses mains pour qu'il ait de quoi secourir ceux qui sont dans le besoin.* » L'apôtre Jacques exhorta l'église à accomplir des œuvres de charité. JACQUES 2.15-17 « *Supposez qu'un frère ou une sœur manquent de vêtements et n'aient pas tous les jours assez à manger. Et voilà que l'un de vous leur dit : « Au revoir, mes amis, portez-vous bien, restez au chaud et bon appétit », sans leur donner de quoi pourvoir aux besoins de leur corps, à quoi cela sert-il ? Il en est ainsi de la foi : si elle reste seule, sans se traduire en actes, elle est morte.* »

À travers l'histoire et depuis son origine, l'Église de Jésus-Christ a été caractérisée par la compassion de Jésus qui fait partie intégrante du message de l'accomplissement de la mission. À travers l'histoire les chrétiens ont établi des hôpitaux, des cliniques, des écoles, des orphelinats et des soupes populaires, reprenant fidèlement le précepte de Jésus de « *Donnez-leur à manger* »

> Nous, les wesleyens, ne sommes pas une famille fermée mais plutôt un groupe uni. Notre héritage est la famille unie par le pouvoir de l'amour, qui essaie toujours d'aller vers les autres avec compassion et bras ouverts afin d'accueillir en son sein de nouvelles personnes, différentes et dépourvues de leurs droits.[1]

Dans ses années formatives, l'Église du Nazaréen pratiquait la compassion de Jésus. Dans le livre *Notre Mot d'Ordre et Chanson*, l'auteur déclare,

Nous maintenons le ministère de la compassion en réponse aux besoins matériels de ce monde. Les nazaréens soutiennent plusieurs orphelinats, maternités, maisons de refuge ... [2]

En tant que personnes dévouées à Dieu, nous partageons son amour pour les âmes égarées et sa compassion envers les pauvres et les affligés. Le plus grand commandement (Matthieu 22.36-40) et le grande commandement missionnaire (Matthieu 28.19-20) nous incitent à aborder le monde avec évangélisme, compassion et justice. [3]

La lettre de mission des Ministères de la compassion de la région USA/Canada énonce ce qui suit :

Les Ministères de la compassion nazaréenne (MCN) cherchent à vivre et agir avec compassion dans le monde, conformément à la vie et au ministère de Jésus. Nous cherchons à devenir les incarnations de l'évangile dont le Christ lui-même s'inspira et prêcha et aussi d'être les témoins du même amour et de la même compassion que Dieu a pour notre monde.

Aux États-Unis ainsi qu'au Canada, les MCN travaillent de près avec les Centres ministériels de la compassion (CMC) afin d'apporter compassion et guérison aux communautés qui ont besoin de l'amour et de la présence du Christ.

Nous estimons que chaque fidèle de Jésus est appelé à devenir compassion dans leur communauté. Dès les premiers jours de l'Église, les chrétiens ont été impliqués dans l'assistance des marginaux du monde entier. L'Église du Nazaréen a spécifiquement réaffirmé le besoin qu'elle a d'entourer ceux qui ont été ignorés par la société. Cette fonction n'est pas juste institutionnelle ; c'est une vocation personnelle dans la vie de chaque Chrétien. [4]

QUESTIONS SUSCITANT LA RÉFLEXION

1. Quel impact ce chapitre a-t-il eu sur vous à propos de la compassion de Jésus pour l'accomplissement de la mission ?
2. Comment est-ce que les enseignements de Jésus à ses disciples sur la compassion vous ont-ils aidés ?
3. Quels autres passages bibliques auriez-vous utilisés pour ce chapitre ?
4. Quelle inspiration avez-vous tiré de la vie de compassion de l'église pour l'accomplissement de la mission ?
5. Répondez à cette question sur une échelle de 1 à 10, 10 étant la note la plus élevée : Pratiquez-vous la compassion de Jésus dans l'accomplissement de la mission ?

    Michée 6.8 *« On te l'a enseigné, ô homme, ce qui est bien et ce que l'Éternel attend de toi : c'est que tu te conduises avec droiture, que tu prennes plaisir à témoigner de la bonté et qu'avec vigilance tu vives pour ton Dieu. »*

6. Comment puis-je avoir un cœur compatissant ?
7. Pour une réflexion plus poussée sur ce chapitre, prenez le temps si possible, de prier et d'étudier les Écritures que vous avez recueillies.

CHAPITRE 11

ORGANISATION

"

Car il y avait bien là cinq mille hommes. Jésus dit à ses disciples : Faites-les asseoir par groupes d'une cinquantaine de personnes. C'est ce qu'ils firent, et ils installèrent ainsi tout le monde. Alors Jésus prit les cinq pains et les deux poissons et, levant les yeux vers le ciel, il prononça la prière de bénédiction ; puis il les partagea et donna les morceaux à ses disciples pour les distribuer à la foule. Tout le monde mangea à satiété. On ramassa les morceaux qui restaient ; cela faisait douze paniers. (Luc 9.14-17)

"

Dans l'évènement miraculeux de la multiplication des pains et des poissons afin de nourrir la multitude d'auditeurs, Jésus utilisa le principe d'organisation. Il était un excellent gestionnaire des ressources à sa disposition. Il organisa les disciples deux par deux et les envoya prêcher la bonne nouvelle du royaume ; il suivit le conseil de l'auteur du livre de l'Ecclésiaste :

> ECCLÉSIASTE 4.9-10 *« Mieux vaut être à deux que tout seul. On tire alors un bon profit de son travail. Et si l'un tombe, l'autre le relève, mais malheur à celui qui est seul et qui vient à tomber sans avoir personne pour l'aider à se relever. »*

Il les organisa non seulement deux par deux mais considéra également la personnalité de chacun de ses disciples afin de constituer ses binômes. Cet esprit de groupe continua même après son ascension. ACTES 3.1 *« Un jour, Pierre et Jean montaient au Temple pour la prière à trois heures de l'après-midi. »*

Être envoyé en binôme aiderait les disciples dans leurs longs voyages et leur donnerait une meilleure protection contre les risques et dangers de la route. Le soutien mutuel et la camaraderie les aideraient à atteindre leurs destinations. Ces voyages nécessitaient un système d'organisation afin d'allouer et de distribuer les routes par lesquelles Jésus les envoyait. Ceci ne pouvait être laissé au hasard ou fait spontanément. Jésus conçut un plan évangélique et optimisa ses ressources afin d'atteindre le plus grand nombre de villes et donc le plus grand nombre de gens possible.

Jésus démontra ses capacités d'organisation non seulement en envoyant ses disciples par paires mais également en les formant et leur donnant des instructions spécifiques de la façon dont ils devraient entrer dans les foyers, comment réagir selon les réactions des autres et comment répondre à la générosité et l'hospitalité. Jésus dévoua sans aucun doute son temps à la for-

ORGANISATION

mation et l'organisation stratégique dans l'accomplissement de la mission afin d'être plus efficaces.

> À l'écrit comme à l'oral, Jésus a souvent été décrit comme un prêcheur, un faiseur de miracle, un professeur et bien d'autres facettes de sa personnalité sans bornes. Mais peu de gens l'ont découvert en tant que président-directeur général et gestionnaire administratif sachant recruter, former, inspirer, motiver et diriger une équipe de douze hommes qui, sous son influence et sa direction en accordance avec ses projets et objectifs, conquirent le monde pour sa cause.[1]

Jésus donna à ses disciples des instructions spécifiques en préparation pour les festivités concluant sa mission messianique, l'entrée triomphale dans la ville de Jérusalem. Jésus dressa un plan pour cet évènement :

> MARC 11.1-2 *« Alors qu'ils approchaient de Jérusalem, à la hauteur de Bethphagé et de Béthanie, près du mont des Oliviers, Jésus envoya deux de ses disciples en leur disant : Allez dans le village qui est devant vous. Dès que vous y serez entrés, vous trouverez un ânon attaché que personne n'a encore monté. Détachez-le et amenez-le ici. »*

Un autre évènement majeur dans la vie et le ministère de Jésus fut la fête de Pâque, le dernier repas avec ses disciples. Ce banquet nécessiterait une planification minutieuse allant de pair avec les traditions historiques de la célébration. Jésus instruit ses disciples afin qu'aucun élément ou tradition ne soient ignorés dans la fête de Pâque, vu que c'est là qu'il affirmerait le plan de Dieu pour la nouvelle alliance du salut de l'espèce humaine.

> MATTHIEU 26.17-19 *« Le premier jour de la fête des pains sans levain, les disciples vinrent trouver Jésus pour lui demander : Où*

> *veux-tu que nous fassions les préparatifs pour le repas de la Pâque ? Il leur répondit : Allez à la ville, chez un tel, et parlez-lui ainsi : « Le Maître te fait dire : Mon heure est arrivée. C'est chez toi que je prendrai le repas de la Pâque avec mes disciples. » Les disciples se conformèrent aux ordres de Jésus et préparèrent le repas de la Pâque. »*

Les apôtres apprirent le principe d'organisation du Maître et l'inclurent dans l'accomplissement de la mission. Le livre des Actes détaille les aspects de cette structure organisationnelle des premières années de l'église primitive. Les pécheurs de Galilée étaient maintenant des dirigeants majeurs de l'Église de Jésus-Christ et avaient pour tâche de procurer la direction administrative et l'organisation pour la distribution de biens avec la nouvelle communauté de foi. La sélection des premiers diacres pour venir en aide aux veuves révèle les capacités des disciples à établir un nouveau type de comité qui résoudrait les tensions émergeant au cœur de la communauté des premiers croyants :

> ACTES 6.2-3 « *Alors les douze apôtres réunirent l'ensemble des disciples et leur dirent : Il ne serait pas légitime que nous arrêtions de proclamer la Parole de Dieu pour nous occuper des distributions. C'est pourquoi, frères, choisissez parmi vous sept hommes réputés dignes de confiance, remplis du Saint-Esprit et de sagesse. Nous les chargerons de ce travail.* »

Les apôtres apprirent en observant le savoir-faire de Jésus quant à l'organisation et la délégation de tâches spécifiques à ses disciples dans l'accomplissement de la mission du royaume. La croissance exponentielle et fulgurante de l'église primitive nécessiterait de déléguer des tâches à de nouveaux dirigeants afin de maintenir cette progression des premiers jours.

ORGANISATION

ACTES 6.7 « *La Parole de Dieu se répandait toujours plus. Le nombre des disciples s'accroissait beaucoup à Jérusalem. Et même de nombreux prêtres obéissaient à la foi.* »

Dirigés par le Saint-Esprit, l'église d'Antioche organisa le premier groupe de missionnaires dans l'accomplissement de la mission. Ils enverraient Barnabas et Paul élargir les frontières du royaume de Dieu au-delà de leur ville. Bien que ce soit un acte guidé par le Saint-Esprit, envoyer ces premiers missionnaires afin d'accomplir la mission nécessiterait tout de même une structure organisée. Paul utilisa donc le principe d'organisation stratégique afin d'établir et de faire avancer la mission de l'église grâce à un plan stratégique de tour des villes.

ACTES 18.22-23 « *Il débarqua à Césarée et, de là, il monta à Jérusalem où il alla saluer l'Église. Puis il redescendit à Antioche. Après y avoir passé un certain temps, il repartit et parcourut de lieu en lieu la région galate de la Phrygie, en affermissant tous les disciples dans la foi.* »

Durant leur premier voyage missionnaire, Paul et Barnabas organisèrent les nouveaux croyants : « *Dans chaque Église, ils firent élire des responsables* ». L'organisation et la structure étaient fondamentales dans le soutien des nouvelles églises établies pour le royaume de Dieu.

John Wesley, un homme oint du Saint-Esprit avec la passion d'un apôtre pour les âmes, comprit la vertu de l'utilisation du principe d'organisation. Il organisa les dirigeants et membres de son mouvement en groupes, bandes, classes et sociétés qui établiraient et développeraient efficacement les gens sous la dénomination de « méthodistes ». Le génie organisationnel et stratégique de Wesley se démontra dans la formation de ces petits groupes pour l'évangélisme et le discipulat. Il dit à ses dirigeants : « Prêchez dans le plus d'endroits possibles. Organisez autant de classes que possible mais ne prêchez pas sans organiser de nouvelles classes ».

George Whitefield a dit, « mon frère, Wesley, était plus avisé que moi. Il organisa les âmes converties sous son ministère par classes. Je fus négligeant et mes gens devinrent des grains de sable emportés par le vent ». Les capacités organisationnelles et administratives de Wesley maintinrent sans aucun doute le mouvement que Dieu avec placé dans ses mains afin d'évangéliser l'Angleterre et le monde entier.

> Un bon dirigeant délégué, soutient et est entouré de la meilleure équipe possible, ce qui lui permet de remplir ses obligations et d'entreprendre le travail entier d'une entreprise de la meilleure façon qui soit.[2]

QUESTIONS SUSCITANT LA RÉFLEXION

1. Quel impact ce chapitre a-t-il eu sur vous par rapport à l'utilisation d'une organisation dans l'accomplissement de la mission ?
2. Comment est-ce que les enseignements de Jésus à propos de l'organisation vous-ont-ils aidés ?
3. Quels autres passages bibliques auriez-vous utilisés pour ce chapitre ?
4. Comment est-ce que l'utilisation de l'organisation par les apôtres dans l'accomplissement de la mission vous-a-t-elle aidée ?

5. Répondez à cette question sur une échelle de 1 à 10, 10 étant la note la plus élevée : Est-ce que j'utilise le principe d'organisation dans l'accomplissement de la mission ?

> EXODE 18.17-21 « *Le beau-père de Moïse lui dit : Ta façon de faire n'est pas bonne. Tu finiras, à coup sûr, par t'épuiser — toi et le peuple qui est avec toi — car la tâche dépasse tes forces. Tu ne peux pas l'accomplir seul. Maintenant écoute le conseil que je vais te donner, et que Dieu te vienne en aide. Ton rôle est de représenter le peuple auprès de Dieu et de porter les litiges devant lui. Tu dois aussi leur communiquer ses ordonnances et ses lois, leur enseigner la voie à suivre et la conduite à tenir. Pour le reste, choisis parmi le peuple des hommes capables, attachés à Dieu, respectueux de la vérité, incorruptibles ; tu les placeras à la tête du peuple comme chefs de « milliers », chefs de « centaines », chefs de « cinquantaines » et chefs de « dizaines ». »*

6. Comment puis-je utiliser l'organisation ?
7. Pour une réflexion plus poussée sur ce chapitre, prenez le temps si possible, de prier et d'étudier les Écritures que vous avez recueillies.

CHAPITRE 12

REPOS ET RETRAITE SPIRITUELLE

"

À leur retour, les apôtres se réunirent auprès de Jésus et lui rendirent compte de tout ce qu'ils avaient fait, et de tout ce qu'ils avaient enseigné. Alors il leur dit : Venez avec moi, dans un endroit isolé, et vous prendrez un peu de repos. Il y avait effectivement beaucoup de monde qui allait et venait et ils ne trouvaient même pas le temps de manger. Ils partirent donc dans la barque pour aller à l'écart dans un endroit désert.

(Marc 6.30-32)

"

À leur retour, les disciples racontèrent au Maître ce qu'ils avaient accomplis lors de leur voyage de prédication de la bonne nouvelle du royaume. Jésus savait combien d'énergie physique et émotionnelle l'accomplissement de la mission demandait. Jésus veillait sur ses disciples et avait prévu de faire une retraite avec eux afin qu'ils se reposent et reprennent des forces après leur œuvre missionnaire. L'invitation au repos de Jésus à ses disciples nous montre combien le repos est essentiel pour le corps humain.

Le Dieu de création se reposa après tout son travail de création des cieux et de la terre. Ce n'était pas Dieu qui avait besoin de repos. Il établit plutôt le principe de prendre le temps de se ressourcer et enseigna à l'espèce humaine que le repos est une partie essentielle de la vie quotidienne :

> Genèse 2.1-3 *« Ainsi furent achevés le ciel et la terre avec toute l'armée de ce qu'ils contiennent. Au septième jour, Dieu avait achevé tout ce qu'il avait créé. Alors il se reposa[a] en ce jour-là de toutes les œuvres qu'il avait accomplies. Il bénit le septième jour, il en fit un jour qui lui est réservé, car, en ce jour-là, il se reposa de toute l'œuvre de création qu'il avait accomplie. »*

Des centaines d'années après la création, les Hébreux furent asservis et forcés de se plier constamment aux demandes de l'empire Égyptien. Travailler, travailler, travailler encore, travailler toujours plus longtemps ; les superviseurs demandaient une production toujours plus poussée ; efforts, efforts, efforts, résultats, résultats, résultats. Les esclaves n'avaient point de repos ; leur seul objectif était de besogner pour leurs maîtres. Sur le chemin de la Terre Promise, Dieu leur donna le commandement du Sabbat ou *shabbat* comme partie intégrante du rythme de la vie des gens du peuple d'Israël. Sous le joug de l'injustice de l'esclavage, il n'y avait aucun répit au travail mais la liberté de la Terre Promise se devait d'être différente. Dieu désigna le repos comme nécessaire et juste pour le corps humain. Le Sabbat serait un jour de repos loin du travail et des labeurs quotidiens.

> Exode 20.8-11 « *Pense à observer le jour du sabbat et fais-en un jour consacré à l'Éternel. Tu travailleras six jours pour faire tout ce que tu as à faire. Mais le septième jour est le jour du repos consacré à l'Éternel, ton Dieu ; tu ne feras aucun travail ce jour-là, ni toi, ni ton fils, ni ta fille, ni ton serviteur, ni ta servante, ni ton bétail, ni l'étranger qui réside chez toi ; car en six jours, l'Éternel a fait le ciel, la terre, la mer, et tout ce qui s'y trouve, mais le septième jour, il s'est reposé. C'est pourquoi l'Éternel a béni le jour du sabbat et en a fait un jour qui lui est consacré. »*

Horace Cowan décrit les origines du mot *shabbat* dans son livre, *Le Sabbat dans l'Écriture et l'Histoire*. Il dit :

> Le Sabbat n'est pas lié à un chiffre ou à une durée de temps ; cela veut simplement dire : se reposer ou cesser. Même si Samedi est généralement associé avec le septième jour, cela ne veut pas dire numéro sept et n'est pas non plus assigné à un jour spécifique.[1]

Jésus fit en sorte de s'accorder des temps de repos lors de son ministère loin des foules et des individus venant le voir, ainsi que durant ses voyages dans les villes et villages avoisinants. Un moment de repos devint partie intégrante de la vie de Jésus avec ses disciples. Les évangiles relatent que Jésus se retira dans des endroits déserts afin de passer du temps avec le Père. Ce temps de retraite donna à Jésus un repos bien mérité de ses devoirs ministériels et lui permit de reprendre des forces. « La motivation de Jésus dans tout ce qu'il entreprenait était le salut du monde. Il savait fréquemment se retrouver avec le Père afin de se reposer et de restaurer son cœur, son esprit et son corps fatigué » ²

Se retirer dans des endroits tranquilles était une pratique constante de Jésus et il l'utilisa dans la formation de ses disciples.

> MATTHIEU 17.1-2 *« Six jours plus tard, Jésus prit avec lui Pierre, Jacques et Jean son frère, et les emmena sur une haute montagne, à l'écart. Il fut transfiguré devant eux : son visage se mit à resplendir comme le soleil ; ses vêtements prirent une blancheur éclatante, aussi éblouissante que la lumière. »*

Cette retraite avec trois de ses disciples de son cercle intime fut une expérience glorieuse dans la vie de Jésus, une expérience où il reçut l'affirmation de la satisfaction du Père en son Fils. Cette retraite serait inoubliable pour l'apôtre Pierre qui s'y référa dans une lettre à l'église trois ans plus tard :

> 2 PIERRE 1.16-18 *« En effet, nous ne nous sommes pas appuyés sur des histoires habilement inventées, lorsque nous vous avons fait connaître la venue de notre Seigneur Jésus-Christ dans toute sa puissance, mais nous avons vu sa grandeur de nos propres yeux. Car Dieu le Père lui a donné honneur et gloire lorsque, dans sa gloire immense, il lui a fait entendre sa voix, qui disait : Voici mon Fils bien-aimé, qui fait toute ma joie. Or cette voix, qui était venue du ciel, nous l'avons entendue nous-mêmes, puisque nous étions avec lui sur la sainte montagne. »*

Les apôtres et leurs disciples suivirent l'exemple de l'enseignement du Maître à propos de la nécessité de dévouer du temps à la retraite et de rechercher la présence du Christ glorieux, ainsi que de se reposer de leur travail de missionnaire. Le principe de repos et de retraite spirituelle, d'aller et chercher la présence de Dieu, doit être une partie importante dans la vie des hommes et femmes de Dieu appelés au ministère.

> **Allez dans le désert ! Allez souvent !** Le ministère que vous effectuez est important. Votre vision pour le travail de Dieu est significative. La vocation qui vous brûle est urgente ; mais tout aussi important, significatif et urgent est l'appel de Dieu pour vous d'**Allez dans le désert ! Allez souvent !**[3]

QUESTIONS SUSCITANT LA RÉFLEXION

1. Quel impact ce chapitre a-t-il eu sur vous par rapport à la façon dont Jésus se reposa et partit en retraite spirituelle afin d'accomplir la mission ?
2. Qu'avez-vous appris des enseignements de Jésus à propos du repos et de la retraite ?
3. Quels autres passages bibliques auriez-vous utilisés pour ce chapitre ?
4. Comment est-ce que l'expérience du repos et de la retraite spirituelle des apôtres dans l'accomplissement de la mission vous-a-t-elle aidée ?
5. Répondez à cette question sur une échelle de 1 à 10, 10 étant la note la plus élevée : Prenez-vous et respectez-vous un jour de repos ? Réservez-vous du temps pour la retraite spirituelle dans l'accomplissement de la mission ?

> Nombres 10.33 *« Les Israélites partirent de la montagne de l'Éternel et marchèrent durant trois jours. Durant ces trois jours, le coffre de l'alliance de l'Éternel les précéda pour leur chercher un lieu d'étape. »*

6. Comment puis-je maintenir la discipline de trouver du temps pour le repos et la retraite spirituelle ?
7. Pour une réflexion plus poussée sur ce chapitre, prenez le temps si possible, de prier et d'étudier les Écritures que vous avez recueillies.

CHAPITRE 13

LE SERVITEUR ET L'HUMILITÉ

"

Les disciples eurent une vive discussion : il s'agissait de savoir lequel d'entre eux devait être considéré comme le plus grand. Jésus intervint : Les rois des nations, dit-il, dominent leurs peuples, et ceux qui exercent l'autorité sur elles se font appeler leurs « bienfaiteurs ». Il ne faut pas que vous agissiez ainsi. Au contraire, que le plus grand parmi vous soit comme le plus jeune, et que celui qui gouverne soit comme le serviteur. À votre avis, qui est le plus grand ? Celui qui est assis à table, ou celui qui sert ? N'est-ce pas celui qui est assis à table ? Eh bien, moi, au milieu de vous, je suis comme le serviteur.

(Luc 22.24-27)

"

Jésus modela les principes du service et de l'humilité dans l'accomplissement de la mission. Il montrait toujours l'exemple. Sa façon de diriger était caractérisée par son cœur de serviteur, un cœur servant le peuple à qui il prêche. Il démontra la différence nette entre un dirigeant du royaume et un dirigeant du monde terrestre.

Les principes d'« autorité » du royaume sont différents de ceux gouvernant les autorités terrestres. Jésus voulait s'assurer que ses disciples comprennent bien comment il leur était demandé de diriger, qu'une position d'autorité se corrélait à leur service de la mission. L'attitude d'un serviteur du royaume se doit toujours d'être axée vers le bénéfice apporté à la mission plutôt que sur les intérêts personnels comme le font les dirigeants terrestres.

> Matthieu 20.26-27 *« Qu'il n'en soit pas ainsi parmi vous. Au contraire : si quelqu'un veut être grand parmi vous, qu'il soit votre serviteur, si quelqu'un veut être le premier parmi vous, qu'il soit votre esclave. »*

Jésus exploita chaque opportunité d'enseigner à ses disciples les principes et valeurs du royaume. La vie de Jésus en tant que serviteur était constante. Au dernier repas, avant qu'il ne se livre en tant que serviteur souffrant pour la rédemption de l'espèce humaine, il leur donna une leçon pratique sur le comportement d'un serviteur.

> Jean 13.4-5 *« Il se leva de table pendant le dîner, posa son vêtement et prit une serviette de lin qu'il se noua autour de la taille. Ensuite, il versa de l'eau dans une bassine et commença à laver les pieds de ses disciples, puis à les essuyer avec la serviette qu'il s'était nouée autour de la taille. »*

LE SERVITEUR ET L'HUMILITÉ

Laver les pieds d'autrui était pratique courante au temps de Jésus et était assignée aux serviteurs et esclaves du foyer. C'était le travail d'un serviteur mais était aussi assigné à l'esclave se trouvant au plus bas de l'échelle hiérarchique. En utilisant la serviette pour laver leurs pieds, Jésus montrait à ses disciples comment ils devaient se comporter en tant que dirigeants du royaume, en servant ceux étant sous leur propre autorité.

Le comportement exemplaire de Jésus était un appel à ses disciples à une vie de service dans l'accomplissement de la mission. JEAN 13.15-16 *« Je viens de vous donner un exemple, pour qu'à votre tour vous agissiez comme j'ai agi envers vous. Vraiment, je vous l'assure, un serviteur n'est jamais supérieur à son maître, ni un messager plus grand que celui qui l'envoie. »* À chaque fois que les disciples étaient avides et montraient de l'ambition pour le pouvoir et l'autorité, Jésus leur donnait une leçon sur la façon de gérer le pouvoir et l'autorité dans le service du royaume.

MATTHIEU 18.1-5 *« A ce moment-là, les disciples s'approchèrent de Jésus et lui demandèrent : Qui donc est le plus grand dans le royaume des cieux ? Alors Jésus appela un petit enfant, le plaça au milieu d'eux, et dit : Vraiment, je vous l'assure : si vous ne changez pas d'attitude et ne devenez pas comme de petits enfants, vous n'entrerez pas dans le royaume des cieux. C'est pourquoi le plus grand dans le royaume des cieux est celui qui s'abaisse lui-même comme cet enfant, et celui qui accueille, en mon nom, un enfant comme celui-ci, m'accueille moi-même. »*

Jésus démontra mon seulement le cœur et le comportement d'un serviteur de par son exemple mais vécu aussi par le principe d'humilité. Bien qu'il ait eu droit en tant que Seigneur de ce monde d'être servi avec tous les privilèges des rois terrestres, il ne l'utilisa jamais. Sa naissance dans une étable ne pourrait pas mieux illustrer l'humilité du Roi souverain en comparant sa vie à celle des rois de ce monde. Son entrée messianique triomphante dans la ville de Jérusalem perché sur son petit âne était une expression de son humilité.

> MATTHIEU 21.1-5 « *En approchant de Jérusalem, ils arrivèrent près du village de Bethphagé, sur le mont des Oliviers. Jésus envoya deux de ses disciples en leur disant : Allez dans le village qui se trouve là devant vous. Dès que vous y serez, vous trouverez une ânesse attachée et, près d'elle, son petit. Détachez-les et amenez-les-moi. Si quelqu'un vous fait une observation, vous n'aurez qu'à lui dire : « Le Seigneur en a besoin », et on vous les laissera prendre immédiatement. Tout cela arriva pour que se réalise la prédiction du prophète :*
>
> *Dites à la communauté de Sion :*
> *Voici ton Roi qui vient à toi ;*
> *humble, il vient monté sur une ânesse,*
> *sur un ânon,*
> *le petit d'une bête de somme.* »

Les foules cherchaient et suivaient Jésus parce qu'il était abordable. Les gens pouvaient voir la transparence de son amour, l'humilité de son cœur, celui d'un serviteur. « Les gens sentaient que Jésus aimait être avec eux. Même les enfants en bas âge voulaient être prêts de lui, une claire indication du genre de personne qu'il était. »[1]

L'apôtre Paul était un homme de mérite : des talents linguistiques, des compétences intellectuelles, des accomplissements religieux et du « succès » dans l'avancement et l'établissement de l'église dans le monde païen. Tout ceci aurait pu le rendre fier mais il savait que le principe d'humilité devait être une caractéristique des gens du royaume, que Dieu avait enseigné de par son propre exemple.

> 2 CORINTHIENS 10.1 *« Moi, Paul, je suis, paraît-il, « timide » quand je suis présent parmi vous et « hardi » quand je suis absent, loin de vous. Mais c'est au nom de la douceur et de la bonté du Christ que je vous adresse cet appel »*

Paul appela l'église de Philippes à suivre l'exemple de Jésus-Christ, de vivre avec humilité et le cœur d'un serviteur afin que leurs comportements et manières soient considérés comme celles de disciples du Christ.

> PHILIPPIENS 2.5-8 *« Tendez à vivre ainsi entre vous, car c'est ce qui convient quand on est uni à Jésus-Christ. Lui qui, dès l'origine, était de condition divine, ne chercha pas à profiter de l'égalité avec Dieu, mais il s'est dépouillé lui-même, et il a pris la condition du serviteur. Il se rendit semblable aux hommes en tous points, et tout en lui montrait qu'il était bien un homme. Il s'abaissa lui-même en devenant obéissant, jusqu'à subir la mort, oui, la mort sur la croix. »*

Dans sa lettre à l'église, l'apôtre Jacques conseilla au peuple en citant le psalmiste, d'adopter une attitude humble : JACQUES 4.6 *« mais bien plus grande est la grâce qu'il nous accorde. Voici donc ce que déclare l'Écriture: Dieu s'oppose aux orgueilleux, mais il accorde sa grâce aux humbles ».* L'humilité devrait être un trait caractéristique des dirigeants de l'église de Jésus-Christ contrastant avec les attitudes arrogantes des dirigeants de ce monde.

L'orgueil nous rend égocentrique et nous amène à penser que nous avons le droit à tout ce que nous voyons, touchons et imaginons. Cela crée des appétits avides désirant plus qu'il n'est nécessaire. Nous pouvons être libérés de nos désirs égocentriques lorsque nous nous abaissons devant Dieu, conscients que la seule chose dont nous ayons besoin est son approbation.[2]

Les serviteurs de Dieu vivant avec les valeurs du royaume, avec un cœur humble et dévoué au service, attirent les gens dans l'accomplissement de la mission. Ces meneurs inspirent de par leur exemple de service et d'humilité en contraste avec les dirigeants adoptant un comportement contraire aux caractéristiques de la vie exemplaire des disciples du Maître.

La manière Chrétienne de diriger est fondamentalement différente de toutes les autres formes de direction. Même lorsque l'établissement est similaire à une organisation séculaire, cela diffère de par l'Esprit de Dieu présent dans le cœur, la vie et la direction de la personne pleine de grâce. Les dirigeants sont transformés fondamentalement par la grâce de Dieu. Ce changement de cœur est l'expression des qualités et de la similarité au Christ.[3]

QUESTIONS SUSCITANT LA RÉFLEXION

1. Quel impact ce chapitre a-t-il eu sur vous par rapport à la description du cœur de serviteur de Jésus ainsi que son humilité dans l'accomplissement de la mission ?
2. Qu'avez-vous appris des enseignements de Jésus à propos du comportement d'un serviteur et de son humilité ?
3. Quels autres passages bibliques auriez-vous utilisés pour ce chapitre ?
4. Avez-vous été inspirés par les apôtres dans l'accomplissement de la mission quant au service et l'humilité ?

5. Répondez à cette question sur une échelle de 1 à 10, 10 étant la note la plus élevée : Menez-vous une vie de service et d'humilité pouvant accomplir la mission ?

   Ésaïe 66.2 *« Toutes ces choses, c'est moi qui les ai faites et ainsi elles sont venues à l'existence, l'Éternel le déclare. Voici sur qui je porterai un regard favorable : sur celui qui est humilié, et qui a l'esprit abattu, sur celui qui respecte ma parole. »*

6. Comment puis-je maintenir une vie de service et d'humilité ?
7. Pour une réflexion plus poussée sur ce chapitre, prenez le temps si possible, de prier et d'étudier les Écritures que vous avez recueillies.

CHAPITRE 14

LE COÛT DU SERVICE

"

Pendant qu'ils étaient en chemin, un homme vint dire à Jésus : Je te suivrai partout où tu iras. Jésus lui répondit : Les renards ont des tanières et les oiseaux du ciel ont des nids ; mais le Fils de l'homme n'a pas un endroit à lui où prendre du repos. Jésus dit à un autre : Suis-moi ! Mais cet homme lui dit : Seigneur, permets que j'aille d'abord enterrer mon père. Jésus lui répondit : Laisse aux morts le soin d'enterrer leurs morts. Quant à toi, va proclamer le règne de Dieu ! Un autre encore lui dit : Je te suivrai, Seigneur, mais permets-moi d'abord de faire mes adieux à ma famille. Jésus lui répondit : Celui qui regarde derrière lui au moment où il se met à labourer avec sa charrue n'est pas prêt pour le règne de Dieu.
(Luc 9.57-62)

"

Jésus fit l'ultime sacrifice en donnant sa vie pour la rédemption de l'espèce humaine. Sa vie et souffrance furent anticipées par les prophètes de Dieu, des hommes ayant donné leurs vies dans l'obéissance fidèle de l'accomplissement de la mission de Dieu. Le prophète Ésaïe annonça le prix que le Messie devrait payer.

> Ésaïe 53.5-6 *« Mais c'est pour nos péchés qu'il a été percé, c'est pour nos fautes qu'il a été brisé. Le châtiment qui nous donne la paix est retombé sur lui et c'est par ses blessures que nous sommes guéris. Nous étions tous errants, pareils à des brebis, chacun de nous allait par son propre chemin : l'Éternel a fait retomber sur lui les fautes de nous tous. »*

Jésus formula très clairement à ses disciplines ce qu'il leur coûterait de le suivre et d'être conscients du coût de l'appel de Dieu. Il les avertit que la vocation d'un disciple n'était pas une route facile ; ils prenaient le risque de payer de leur vie.

> Luc 9.23-24 *« Puis, s'adressant à tous, il dit : Si quelqu'un veut me suivre, qu'il renonce à lui-même, qu'il se charge chaque jour de sa croix, et qu'il me suive. En effet, celui qui est préoccupé de sauver sa vie, la perdra ; mais celui qui perdra sa vie pour moi la sauvera. »*

Jésus avait un mode de vie très simple, limité aux nécessités quotidiennes de base. Il prépara ses disciples en montrant l'exemple et leur enseigna ce qu'il vivait. Il était lassé des inconsistances des dirigeants religieux et les défiait constamment car ils n'étaient pas préparés à suivre ce qu'eux-mêmes enseignaient ni faire ce qu'ils demandaient au peuple.

LE COÛT DU SERVICE

Jésus voulait s'assurer que ses disciples vivraient en accord avec les principes de ses enseignements et non pas comme les dirigeants religieux.

> MATTHIEU 23.2-4 *« Les spécialistes de la Loi et les pharisiens sont chargés d'enseigner la Loi transmise par Moïse. Faites donc tout ce qu'ils vous disent, et réglez votre conduite sur leur enseignement. Mais gardez-vous de prendre modèle sur leurs actes, car ils parlent d'une manière et agissent d'une autre. Ils lient de pesants fardeaux et les placent sur les épaules des hommes ; mais ils ne bougeraient même pas le petit doigt pour les déplacer. »*

Le Roi des rois ne possédait même pas un endroit où vivre et encore moins un palace avec tous les conforts et plaisirs disponibles pour le divertissement de ses disciples. Il choisit une vie itinérante et demeurait aux foyers où il bénéficiait de l'hospitalité et de la générosité de ceux l'ayant invité, avides de l'écouter.

Afin de garder son attention fixée sur l'accomplissement de la mission du royaume et de dépendre entièrement du ravitaillement du Père, Jésus n'accumula aucune richesse ou biens matériels terrestres. Jésus façonnait ses disciples afin qu'ils vivent avec les priorités et valeurs du royaume plutôt que d'être séduits par les valeurs terrestres.

> MATTHIEU 6.33 *« Faites donc du règne de Dieu et de ce qui est juste à ses yeux votre préoccupation première, et toutes ces choses vous seront données en plus. »*

Jésus donna toute une série de préceptes sur les dangers des richesses terrestres qui piègent et corrompent les cœurs des gens, même ceux appelés à servir Dieu. MATTHIEU 6.24 *« Nul ne peut être en même temps au service de deux maîtres, car ou bien il détestera l'un et aimera l'autre, ou bien il sera dévoué au premier et méprisera le second. Vous ne pouvez pas servir en même temps Dieu et l'Argent. »* Le Maître enseignant préparait ses disciples en prévision de la vie qui les attendait, une vie de dévouement total à leur vocation. Il leur parlait constamment du coût élevé de faire partie de ses disciples. Il ne voulait pas que ces derniers soient pris de court par les difficultés, persécutions et épreuves qu'ils endureraient dans l'accomplissement de la mission.

> MATTHIEU 10.16-19 *« Voici : je vous envoie comme des brebis au milieu des loups. Soyez prudents comme des serpents et innocents comme des colombes. Soyez sur vos gardes ; car on vous traduira devant les tribunaux des Juifs et on vous fera fouetter dans leurs synagogues. On vous forcera à comparaître devant des gouverneurs et des rois à cause de moi pour leur apporter un témoignage, ainsi qu'aux nations païennes. Lorsqu'on vous traduira devant les autorités, ne vous inquiétez ni du contenu ni de la forme de ce que vous direz, car cela vous sera donné au moment même. »*

Les apôtres de Jésus et les premiers disciples furent persécutés, emprisonnés et même mis à mort. Ce fut le prix ultime que paya l'église primitive pour leur fidélité à l'appel du Maître. Ce dernier les avait prévenus du martyre, des emprisonnements, persécutions et autres souffrances ainsi que les épreuves à venir. Mais il leur promit également le Saint-Esprit qui resterait avec eux afin de les soutenir et les aider dans l'accomplissement de la mission, en étant témoins du Christ glorieux et victorieux. Le livre des Actes et les écrits du Nouveau Testament attestent du prix élevé que les disciples de Jésus-Christ eurent à payer.

> ACTES 8.1-3 *« Saul avait donné son approbation à l'exécution d'Etienne. A partir de ce jour-là, une violente persécu-*

> *tion se déchaîna contre l'Eglise de Jérusalem ; tous les croyants se dispersèrent à travers la Judée et la Samarie, à l'exception des apôtres. Quelques hommes pieux enterrèrent Etienne et le pleurèrent beaucoup. Quant à Saul, il cherchait à détruire l'Eglise, allant de maison en maison pour en arracher les croyants, hommes et femmes, et les jeter en prison. »*

L'apôtre Pierre éprouva une variété d'adversités que le Maître avait mentionné à ses disciples. Pierre encouragea l'église à persévérer et aux disciples de Jésus-Christ à rester fidèles, leur rappelant que le Saint-Esprit était avec eux afin de les accompagner et réconforter dans ces temps difficiles.

> 1 Pierre 4.12-14 *« Mes chers amis, vous avez été plongés dans la fournaise de l'épreuve. N'en soyez pas surpris, comme s'il vous arrivait quelque chose d'anormal. Au contraire, réjouissez-vous, car vous participez aux souffrances du Christ, afin d'être remplis de joie quand il paraîtra dans toute sa gloire. Si l'on vous insulte parce que vous appartenez au Christ, heureux êtes-vous, car l'Esprit glorieux, l'Esprit de Dieu, repose sur vous. »*

Après sa conversion, l'apôtre Paul fut averti par Ananias du coût qu'il aurait à payer d'être un disciple de Jésus-Christ.

> Actes 9.15-16 *« Mais le Seigneur lui dit : Va ! car j'ai choisi cet homme pour me servir : il fera connaître qui je suis aux nations étrangères et à leurs rois, ainsi qu'aux Israélites. Je lui montrerai moi-même tout ce qu'il devra souffrir pour moi. »*

À travers l'histoire, l'église a produit une nuée innombrable de disciples de Jésus-Christ, ces témoins fidèles ayant donnés leurs vies à son service. Cette nuée de héros de la foi vécurent et continuent de vivre en accord avec les enseignements de la vie exemplaire du Maître. Les biographies de ces disciples fidèles attestent qu'ils vécurent à l'image de Christ et que certains payèrent le prix du martyre pour leur foi en Jésus. D'autres avaient choisi de vivre sans commodités matérielles, pouvoirs et plaisirs que le monde a à offrir. Ils ont payé le prix de la souffrance, de la persécution, de l'emprisonnement, de la torture, du rejet, allant dans des contrées lointaines et vivant sous de nombreuses contraintes dans l'accomplissement de la mission.

> Jésus parlait constamment du cout du discipulat et de sa priorité dans une vie de service (Luc 9.23, 14.25-27, 33). Le discipulat est coûteux, … mais comme nous nous devons d'obéir à Dieu à chaque fois, cela sera toujours plus coûteux de désobéir à long terme. En revanche, obéir (être un disciple) est un investissement vigoureux qui … se déversera en une source de vitalité incomparable pour l'église. C'est coûteux, mais en vaut la peine![1]

QUESTIONS SUSCITANT LA RÉFLEXION

1. Quel impact ce chapitre a-t-il eu sur vous par rapport au coût ultime que Jésus paya dans l'accomplissement de la mission ?
2. Qu'avez-vous appris des enseignements de Jésus sur le cout d'être son disciple ?
3. Quels autres passages bibliques auriez-vous utilisés pour ce chapitre ?
4. Avez-vous été inspirés par le coût que les apôtres eurent à payer dans l'accomplissement de la mission ? Si oui, comment ?

5. Répondez à cette question sur une échelle de 1 à 10, 10 étant la note la plus élevée : Êtes-vous préparés à mesurer le coût de l'accomplissement de la mission ?

   JÉRÉMIE 1.8-10 *« N'aie pas peur de ces gens, car je suis avec toi pour te protéger, l'Éternel le déclare. Alors l'Éternel tendit la main et me toucha la bouche, et il me dit : Tu vois : je mets mes paroles dans ta bouche. Sache que je te confie aujourd'hui une mission envers les nations et les royaumes : celle d'arracher et de renverser, de ruiner et de détruire, de construire et de planter. »*

6. Comment puis-je persévérer à travers les épreuves et le coût d'être un disciple de Jésus ?

7. Pour une réflexion plus poussée sur ce chapitre, prenez le temps si possible, de prier et d'étudier les Écritures que vous avez recueillies.

CHAPITRE 15

LE FRUIT DU ROYAUME

"

Je suis le vrai plant de vigne et mon Père est le vigneron. Tous les sarments, en moi, qui ne portent pas de fruit, il les coupe, et tous ceux qui en portent, il les taille afin qu'ils produisent un fruit encore plus abondant. (Jean 15.1-2)

"

Les miracles de Jésus révèlent les signes du royaume, comme lorsqu'il changea l'eau en un vin tellement fin que même le Maître de cérémonies fut impressionné. Dans le miracle de la prise de poissons, avant d'appeler Simon Pierre à être un pêcheur d'homme, les hommes prirent une si grande quantité de poissons que le bateau devint trop lourd. Lors du ravitaillement de la multitude avec seulement quelques miches de pain et poissons, il leur resta douze paniers pleins de nourriture, même après que tous se soient sustentés.

Jésus enseigna le principe de la fructification dans l'accomplissement de la mission avec l'exemple de la vigne. C'était un exemple pratique, un que ses auditeurs pouvaient aisément comprendre, afin d'expliquer le phénomène qu'une petite plante puisse produire autant de fruits. Jésus voulait s'assurer que ses partisans aient une compréhension claire de l'importance de produire du fruit dans le royaume.

> La vigne est une plante prolifique ; une seule vigne produit de nombreuses grappes. Dans l'Ancien Testament, les grappes symbolisent l'habilité d'Israël de porter ses fruits en accomplissant le travail de Dieu dans les terres (Psaumes 80.8 ; Ésaïe 5.1-7, Ézéchiel 19.10-14).[1]

Jésus souligna à ses disciples combien il était essentiel de produire du fruit, JEAN 15.8 « *Si vous produisez du fruit en abondance et que vous prouvez ainsi que vous êtes vraiment mes disciples, la gloire de mon Père apparaîtra aux yeux de tous.* » Le Père s'attendait à ce que les disciples de Jésus produisent du fruit et que leurs vies soient caractérisées par le fruit du royaume qui est « digne de la repentance ». Les disciples doivent être reconnus par le type de fruit qu'ils produisent dans leurs vies et ministères.

Dans la parabole du semeur, Jésus utilise une analogie de ne pas prendre pour acquis l'importance de produire du fruit qui est abondant et durable, MATTHIEU 13.8 « *D'autres grains enfin tombèrent sur la bonne terre et donnèrent du fruit avec un rendement de cent, soixante, ou trente pour un.* » Jésus maudit le figuier parce qu'il n'avait que l'apparence du fruit, MATTHIEU 21.18-19 « *Tôt le lende-*

main matin, en revenant vers la ville, il eut faim. Il aperçut un figuier sur le bord de la route et s'en approcha ; mais il n'y trouva que des feuilles. Alors, il dit à l'arbre : Tu ne porteras plus jamais de fruit ! A l'instant même, le figuier devint tout sec. »* Jésus enseigna une autre parabole afin de mettre l'accent sur l'importance de produire du fruit dans le royaume. Cette parabole illustre que ceux qui servent le royaume doivent porter leurs fruits à partir des dons spirituels qui leurs sont donnés :

> MATTHIEU 25.14-18 *« Il en sera comme d'un homme qui partit pour un voyage : il convoqua ses serviteurs et leur confia l'administration de ses biens. Il remit à l'un cinq lingots, à un autre deux, et à un troisième un seul, en tenant compte des capacités personnelles de chacun. Puis il s'en alla. Celui qui avait reçu les cinq lingots se mit sans tarder à les faire fructifier, de sorte qu'il en gagna cinq autres. Celui qui en avait reçu deux fit de même et en gagna deux autres. Quant à celui qui n'en avait reçu qu'un, il s'en alla creuser un trou dans la terre pour y cacher l'argent de son maître. »*

Il est clair que Jésus donna l'exemple et enseigna que le royaume de Dieu consiste à produire du fruit digne de la repentance et le fruit du labeur dans le travail de la mission. Les vies et enseignements des apôtres énoncent également l'importance de porter du fruit pour le royaume. L'apôtre Paul prie que les Colossiens portent du fruit.

> COLOSSIENS 1.9-10 *« Aussi, depuis le jour où nous avons entendu parler de vous, nous aussi, nous ne cessons de prier Dieu pour vous. Nous lui demandons qu'il vous fasse connaître pleinement sa volonté, en vous donnant, par le Saint-Esprit, une entière sagesse et un parfait discernement. Ainsi vous pourrez avoir une conduite digne du Seigneur*

et qui lui plaise à tous égards. Car vous porterez comme fruit toutes sortes d'œuvres bonnes et vous ferez des progrès dans la connaissance de Dieu. »

Paul parle également du fruit de l'évangile lorsqu'il touche à la vie d'une multitude de gens.

> Colossiens 1.5-6 *« Le message de la Bonne Nouvelle. Car cette Bonne Nouvelle est parvenue jusqu'à vous, comme elle est aussi présente dans le monde entier où elle porte du fruit et va de progrès en progrès ce qui est également le cas parmi vous, depuis le jour où vous avez reçu et reconnu la grâce de Dieu dans toute sa vérité. »*

L'apôtre Pierre décrit l'importance de porter du fruit et évoque une série de vertus du fruit.

> 2 Pierre 1.8 *« Car si vous possédez ces qualités, et si elles grandissent sans cesse en vous, elles vous rendront actifs et vous permettront de connaître toujours mieux notre Seigneur Jésus-Christ. »*

Les serviteurs de Dieu ayant vécu sous le principe de produire du fruit ont laissé un héritage dans les vies des gens du peuple qui ont été impactés par ces ministères fructueux. Les communautés qu'ils ont servies témoignent du fruit du royaume. « Chacun doit chercher … la vie abondante et absolue que Dieu créa afin que nous la ressentions en Christ ». [2]

Qu'est-ce que cela veut dire d'être fructueux ? Le mot fruit ou une variation de ce dernier est utilisé 55 fois dans le Nouveau Testament et se réfère à des resultats. [3]

QUESTIONS SUSCITANT LA RÉFLEXION

1. Quel impact ce chapitre a-t-il eu sur vous à propos de porter du fruit dans l'accomplissement de la mission ?
2. Comment est-ce que les enseignements de Jésus a propos de la nécessité de porter du fruit dans le royaume de Dieu vous-ont-ils aidés ?
3. Quels autres passages bibliques auriez-vous utilisés pour ce chapitre ?
4. Avez-vous été inspirés par les enseignements des apôtres de produire du fruit dans l'accomplissement de la mission ? Si oui, comment ?
5. Répondez à cette question sur une échelle de 1 à 10, 10 étant la note la plus élevée : Combien de fruits avez-vous produits dans l'accomplissement de la mission ?

> Genèse 12.1-2 *« L'Éternel dit à Abram : Va, quitte ton pays, ta famille et la maison de ton père pour te rendre dans le pays que je t'indiquerai. Je ferai de toi l'ancêtre d'une grande nation ; je te bénirai, je ferai de toi un homme important et tu deviendras une source de bénédiction pour d'autres. »*

6. Comment puis-je mener une vie fructueuse pour l'accomplissement de la mission ?
7. Pour une réflexion plus poussée sur ce chapitre, prenez le temps si possible, de prier et d'étudier les Écritures que vous avez recueillies.

CHAPITRE 16

LE COMMANDEMENT DE LA MISSION

"

Alors Jésus s'approcha d'eux et leur parla ainsi : J'ai reçu tout pouvoir dans le ciel et sur la terre : allez donc dans le monde entier, faites des disciples parmi tous les peuples, baptisez-les au nom du Père, du Fils et du Saint-Esprit et apprenez-leur à obéir à tout ce que je vous ai prescrit. Et voici : je suis moi-même avec vous chaque jour, jusqu'à la fin du monde
(Matthieu 28.18-20)

"

Jésus prit forme humaine afin d'effectuer la mission du Père. Il dévoua sa vie à l'obéissance totale à la mission du royaume. Il était conscient de la raison pour laquelle le Père l'avait envoyé et rien ne parvint à le détourner de la mission du salut de l'espèce humaine. Il ne fut même pas troublé lors de sa confrontation avec les pouvoirs des ténèbres dans le désert et résista à toutes les tentations qui lui furent présentées.

> HÉBREUX 4.14-15 « *Ainsi, puisque nous avons en Jésus, le Fils de Dieu, un grand-prêtre éminent qui a traversé les cieux, demeurons fermement attachés à la foi que nous reconnaissons comme vraie. En effet, nous n'avons pas un grand-prêtre qui serait incapable de se sentir touché par nos faiblesses. Au contraire, il a été tenté en tous points comme nous le sommes, mais sans commettre de péché.* »

Jésus assura ses disciples qu'il avait reçu tout pouvoir dans le ciel et sur la terre et les envoya donc afin qu'ils accomplissent la mission du royaume. L'apôtre Pierre fut témoin de cette réalité et en informa l'église.

> 1 PIERRE 3.21-22 « *Tout cela est possible grâce à la résurrection de Jésus-Christ qui, depuis son ascension, siège à la droite de Dieu, et à qui les anges, les autorités et les puissances célestes sont soumis.* »

Jésus établit et enseigna à ses disciples les principes et valeurs qui gouverneraient son église lors de son accomplissement de la mission. Il passa trois ans de sa vie à former son équipe de disciples afin qu'ils fassent de même et poursuivent l'accomplissement de la mission du royaume. La mission serait désormais entre les mains des disciples sous la direction et la puissance du Saint-Esprit. C'était à ces pêcheurs, collecteurs d'impôts, dirigeants religieux et tous ceux ayant adopté la citoyenneté du nouveau royaume, à qui incombait la tâche de poursuivre la mission du royaume de Dieu.

LE COMMANDEMENT DE LA MISSION

Le Christ victorieux les avait renforcés de son autorité et de la puissance du Saint-Esprit tout en leur donnant des instructions spécifiques sur la façon de procéder et d'éduquer afin de perpétuer la mission. La force motrice de la mission était d'aller et d'enseigner les principes et valeurs que Jésus leur avait appris à propos du royaume. Un élément essentiel de la mission était de former de nouveaux disciples de Jésus-Christ afin qu'à leur tour, ils aillent apporter le message de la Bonne Nouvelle du royaume.

> Le plan de discipulat de Jésus est la multiplication. Chaque disciple doit former un nouveau disciple. Cette évidence se retrouve dans le fait que Jésus ait envoyé ses disciples prêcher par binômes dans sa déclaration finale.[1]

Le grand commandement missionnaire est un commandement de proclamer et de promouvoir l'évangile. L'église n'a pas d'objectif plus essentiel que d'accomplir l'impérieuse nécessité d'« aller » et de former des disciples dans toutes les nations du monde.

> Le grande commandement missionnaire, annoncée par Jésus dans Matthieu 28.19-20, est l'invitation de Dieu de faire partie du plus grand projet de l'Histoire. … Un (pasteur ou dirigeant) croyant ou une église étant dévoué au commandement connaitra la puissance d'être différents et de faire progresser le monde.[2]

Avant son ascension afin de siéger à la droite de Dieu, Jésus rappela de nombreuses fois à ses disciples l'importance de la mission.

> Luc 24.46-48 *« Vous voyez, leur dit-il, les Écritures enseignent que le Messie doit souffrir, qu'il ressuscitera le troisième jour, et qu'on annoncera de sa part aux hommes de toutes les*

nations, en commençant par Jérusalem, qu'ils doivent changer pour obtenir le pardon des péchés. Vous êtes les témoins de ces événements. »

L'église primitive accomplit le commandement de partager la Bonne Nouvelle du royaume. Lorsqu'il devint nécessaire de prêcher l'évangile hors de Jérusalem, les apôtres envoyèrent Pierre et Jean dans la région de Samarie afin d'aller voir les nouveaux croyants et de renforcer leur foi. ACTES 8.15-16 *« Dès leur arrivée, ceux-ci prièrent pour les nouveaux disciples afin qu'ils reçoivent le Saint-Esprit. En effet il n'était encore descendu sur aucun d'eux : ils avaient seulement été baptisés au nom du Seigneur Jésus. »* Après avoir vu comment le peuple de Samarie a reçu la Bonne Nouvelle de Jésus-Christ, Pierre et Jean repartirent. ACTES 8.25 *« Pierre et Jean continuèrent à rendre témoignage à Jésus-Christ en annonçant la Parole du Seigneur, puis ils retournèrent à Jérusalem, tout en annonçant la Bonne Nouvelle dans un grand nombre de villages samaritains. »*

L'apôtre Paul obéit à la commission de Jésus-Christ d'apporter le message aux païens et dévoua toute sa vie à la prédication de l'évangile.

ROMAINS 15.20-21 *« Je me suis fait un point d'honneur de ne proclamer la Bonne Nouvelle que là où le nom du Christ n'était pas encore connu. Je ne voulais en aucun cas bâtir sur des fondations posées par d'autres. J'ai agi selon cette parole de l'Écriture: Ceux à qui l'on n'avait rien dit de lui le verront, et ceux qui n'avaient pas entendu parler de lui comprendront. »*

L'église reçut la commission de faire avancer la mission du royaume de Dieu pour le salut de l'espèce humaine à travers les mérites du Fils, Jésus-Christ. La mission de Dieu dépend de l'obéissance fidèle de l'église de partager le message de l'amour de Dieu et du salut pour tous.

> Nous sommes des personnes élues à répondre à l'appel du Christ et, revêtus de la puissance du Saint-Esprit, d'aller de par le monde et de témoigner de la seigneurie du Christ ainsi que de participer avec Dieu à la construction de l'église et de l'expansion de son royaume. (2 Corinthiens 6.1).[3]

Les hommes et femmes appelés à accomplir la mission de l'église comprennent pleinement le commandement et la commission de Jésus Christ d'aller de par le monde entier afin d'évangéliser et de former de nouveaux disciples. Il est essentiel de faire des disciples de Jésus pour l'établissement et l'expansion du royaume de Dieu dans le cœur des gens, et par conséquent, de transformer globalement leurs communautés.

> Le discipulat et l'évangélisme sont inséparables. En réalité, ils sont les mêmes. Nous sommes appelés à rester en contact continu avec les non-croyants afin de témoigner et de les convaincre de rejoindre le Christ. Le plan de Dieu de rédemption du monde dépend de notre effort à convertir d'autres personnes à la cause du Christ.[4]

QUESTIONS SUSCITANT LA RÉFLEXION

1. Quel impact ce chapitre a-t-il eu sur vous par rapport au commandement de Jésus à ses disciples ?
2. Comment est-ce que les enseignements de Jésus à propos de la mission du royaume de Dieu vous-ont-ils aidés ?
3. Quels autres passages bibliques auriez-vous utilisés pour ce chapitre ?

4. Avez-vous été inspirés par le dévouement des apôtres dans l'accomplissement de la mission sous la puissance et les conseils du Saint-Esprit ? Si oui, comment ?
5. Répondez à cette question sur une échelle de 1 à 10, 10 étant la note la plus élevée : Suis-je en train d'accomplir la mission de l'église ?

> Exode 3.7-10 « *L'Éternel reprit : J'ai vu la détresse de mon peuple en Égypte et j'ai entendu les cris que lui font pousser ses oppresseurs. Oui, je sais ce qu'il souffre. C'est pourquoi je suis venu pour le délivrer des Égyptiens, pour le faire sortir d'Égypte et le conduire vers un bon et vaste pays, un pays ruisselant de lait et de miel ; c'est celui qu'habitent les Cananéens, les Hittites, les Amoréens, les Phéréziens, les Héviens et les Yebousiens. A présent, les cris des Israélites sont parvenus jusqu'à moi et j'ai vu à quel point les Égyptiens les oppriment. Va donc maintenant : je t'envoie vers le pharaon, pour que tu fasses sortir d'Égypte les Israélites, mon peuple.* »

6. Comment puis-je exécuter la mission de l'église ?
7. Pour une réflexion plus poussée sur ce chapitre, prenez le temps si possible, de prier et d'étudier les Écritures que vous avez recueillies.

CONCLUSION

Il se trouve dans les évangiles des récits de la vie de Jésus lors de son accomplissement de la mission du royaume de Dieu. Il mandata et forma ses disciples dans les valeurs et principes essentiels du royaume. Jésus savait que l'accomplissement de la mission dépendait entièrement de l'obéissance fidèle de ses disciples sous la direction et l'onction de la puissance du Saint-Esprit.

Les disciples apprirent les préceptes du Maître et suivirent son exemple en guidant l'église primitive dans l'accomplissement de la mission. Les principes qu'ils reçurent du Maître, comme la vie dépendant totalement du Père et de sa relation avec lui, d'une vie revêtue de la puissance du Saint-Esprit, de l'emploi des Écritures, de la prière et du jeûne, de la proclamation de l'évangile, du discipulat délibéré, de la compassion, de l'organisation, de la fructification et du coût ultime du service avec le sacrifice de vies, furent les éléments clés avec lesquels l'évangile de Jésus-Christ fut établi et évolua exponentiellement au premier siècle et par la suite. Les apôtres vécurent les principes et enseignements que Jésus leur inculqua et les professèrent ensuite à l'église. L'apôtre Paul osa dire 1 Corinthiens 11.1 « *Suivez donc mon exemple, comme moi, de mon côté, je suis celui du Christ.* »

Les écrits du Nouveau Testament, les documents historiques de l'église et les biographies des serviteurs de Dieu, témoignent de la façon dont laquelle l'église a accomplie le Grand Commandement et la Grande Commission de Jésus- Christ. Les nouveaux témoins fidèles à l'appel de Dieu ont suivi son exemple, mettant en pratique les enseignements et principes de la vie du Maître quant à l'obéissance, le dévouement, la passion et le sacrifice, guidés par la puissance du Saint-Esprit dans l'accomplissement de la mission. Ils nous inspirent par leurs vies et nous démontrent qu'il est possible de vivre les principes que Jésus lui-même vécu et enseigna à ses disciples afin d'établir et de faire prospérer le royaume de Dieu. Je prie pour que ces réflexions sur les principes de Jésus vous bénissent, vous aident et vous provoquent, vous incitant à les appliquer à votre ministère afin d'*Accomplir la Mission* de l'église :

« FORMER DES DISCIPLES À L'IMAGE DE CHRIST DANS LES NATIONS »

NOTES

CHAPITRE 1
1. H. Orton Wiley et Paul T. Culbertson, *Introduction à la théologie Chrétienne*, 1948, édition Espagnole, 184.
2. *Biblia del diario vivir*. Nashville : Editorial Caribe, 2000, Electronic editions, Gen 3.15.
3. Wiley et Culbertson, 209.

CHAPITRE 2
1. Biblia del diario vivir, Luc 2.43.
2. Wiley et Culbertson, 278.
3. Wesley L. Duewel, *Incandescent pour Dieu*, 1995, édition Espagnole. 51.
4. *Fondements Nazaréens,* Kansas City : Église du Nazaréen, 2015.
5. Carl Bangs, Phineas E. Bresee : Pasteur du Peuple.
6. Duewel, 48.

CHAPITRE 3
1. *Biblia del diario vivir,* Luc 4.16.
2. *Manuel de l'Église du Nazaréen,* 2013-2017.
3. *Biblia del diario vivir,* Luc 4.16

CHAPITRE 4
1. *Biblia del diario vivir,* Luc 2.43
2. Watchman Nee, *Autorité Spirituelle*, 1990, édition Espagnole, 47.
3. J. W. Hayford, *La famille infusée du St-Esprit : Sagesse Sacrée pour la Construction de Foyers Heureux,* Nashville : Editorial Caribe, 1995, édition Espagnole, 90.

CHAPITRE 5
1. *Biblia del diario vivir,* Matthieu 6.9.
2. Duewel, 66.
3. Duewel, 76.
4. Duewel, 251.
5. Duewel, 236.

CHAPITRE 6
1. Diego Forero, *La Feuille de Route,* Lenexa, KS : Casa Nazarena de publicaciones, 2016, 6.
2. Gene Mims, *L'Église centrée sur le royaume,* édition Espagnole, 77.

CHAPITRE 7
1. W. M. Nelson and J. R. Mayo, *Le Nouveau Dictionnaire de la Bible Illustrée de Nelson*, Nashville : Editorial Caribe, édition électronique, 1998.
2. Nelson et Mayo.

3. Nelson et Mayo
4. Duewel, 54-55.

CHAPITRE 8
1. Nelson et Mayo
2. Mims, 49.
3. Mims, 14.

CHAPITRE 9
1. Hayford, J. W., Foi Puissante : *Égaliser la Foi en mots et en travaux*. Nashville : Editorial Caribe, 2000, édition électronique, 5.

CHAPITRE 10
1. David L. McKenna, *Wesleyanos en el siglo XXI*, 80.
2. Floyd Cunningham, *Notre Mot d'Ordre et Chanson*. Édition Espagnole, 234.
3. *Fondements Nazaréens.*
4. *http ://www.usacanadaregion.org/mission-and-vision*

CHAPITRE 11
1. Luciano Jaramillo, *Jesús ejecutivo*, 13.
2. Jaramillo, 123.

CHAPITRE 12
1. Horace G. Cowan, *Le Sabbat dans l'Écriture et l'Histoire*, édition Espagnole, 12.
2. Daniel Spaite, *Bombe à Retardement dans l'Église*, édition Espagnole, 125.
3. Spaite, 127.

CHAPITRE 13
1. Rick Warren, *L'Eglise menée par l'objectif*, édition Espagnole, p. 216.
2. Biblia del diario vivir, Gn 3.15
3. John C. Bowling, *Grace – Direction complète*, édition Espagnole, 14.

CHAPITRE 14
1. Luis Aranguren and Fabián D. Ruiz, *Ministerio discipular*, 26.

CHAPITRE 15
1. *Biblia del diario vivir*, Gn 3.15.
2. Mims, ix.
3. Warren, 70.

CHAPITRE 16
1. Aranguren et Ruiz, 16.
2. Aranguren et Ruiz, 4.
3. *Fondements Nazaréens*
4. Mims, 92.

SOMMAIRE

À propos de l'Auteur 5
Dédicace 7
Remerciements 8
Préface 11
Introduction 15
1. Le plan de Dieu 18
2. Le Saint-Esprit 25
3. Les Écritures 35
4. La relation intime avec Dieu le Père 41
5. Prière et jeûne 49
6. Le choix des apôtres 59
7. Prédication et le mouvement du royaume de Dieu 67
8. Vision 78
9. Foi 86
10. Compassion 94
11. Organisation 101
12. Repos et retraite spirituelle 109
13. Le serviteur et l'humilité 115
14. Le coût du service 123
15. Le fruit du royaume 131
16. Le commandement de la mission 137
    Conclusion 145
    Notes 147

www.ingramcontent.com/pod-product-compliance
Lightning Source LLC
Chambersburg PA
CBHW031446040426
42444CB00007B/1000